Jean-Jaques Labat

Fleischfressende Pflanzen

RAFFINIERTE FALLENSTELLER FÜR IHR ZUHAUSE

Aus dem Französischen von Christiane Schoelzel

2., aktualisierte Auflage

Ulmer

Im Zuge der Einteilung und Benennung der lebendigen Welt hat der Mensch unter der Bezeichnung »fleischfressende Pflanzen« Gewächse unterschiedlicher Herkunft, Klimabereiche und Familienzugehörigkeit zusammengefasst.

Alle diese Pflanzen verbindet eine ganz besondere Eigenschaft: die Vorliebe für die Tierwelt, die diesmal nicht Feind, sondern Opfer ist. Glücklicherweise lassen Menschen wie Jean-Jacques Labat uns an ihren Kenntnissen teilhaben und gewähren uns Zugang zu der so einzigartigen Pflanzenwelt, in der aufgrund der herrschenden Nährstoffarmut Insekten, ja sogar kleine Säugetiere zum Überleben gefangen werden.

Obwohl Jean-Jacques Labat seine Leidenschaft nicht gerne »an die große Glocke hängt«, vermittelt er in diesem Buch sein auf langer Berufserfahrung basierendes Know-how zusammen mit botanischen sowie technischen Kenntnissen, darüber hinaus seine Liebe zu den Pflanzen seiner Sammlung, die übrigens eine der umfangreichsten der Welt ist.

Yves-Marie Allain,
Leiter der Gärtnerei des Staatlichen Museums für Naturgeschichte, Paris

Was sind fleischfressende Pflanzen?

Hier spaltet sich die »Fachwelt« in zwei Lager: Die einen bezeichnen sie als »insektenfangende Pflanzen« (Insektivoren), die anderen bevorzugen den Begriff »fleischfressende Pflanzen« (Karnivoren).

Bei den Ersteren mag vielleicht Unkenntnis über die Art der gefangenen Beutetiere herrschen – oder sollte da vielleicht die tiefer gehende Angst zum Ausdruck kommen, dass ein fleischfressendes Gewächs existieren könnte, das die natürliche Ordnung durcheinander bringt? Mit diesem Begriff wäre die Welt wieder in Ordnung gebracht – was voraussetzt, dass die Raupe gefälligst den Salat zu fressen hat und nicht umgekehrt. Doch hier ist es umgekehrt!

Die Zweitgenannten wissen um die Verschiedenartigkeit der Opfer und rennen bei dem Begriff »fleischfressend« wahrscheinlich noch einem alten Kindheitstraum hinterher: dem Mythos von menschenfressenden Gewächsen …

Doch diese Pflanzen haben die Frage nicht wirklich klar entschieden. Sie verdauen überwiegend Insekten, Schmetterlinge, Fliegen, kleine Schalentiere, aber auch zuweilen Würmer und sogar manchmal kleine Säugetiere von der Größe einer Ratte (bestimmte Kannenpflanzen, Nepentes).

Ich habe bei meinen Venusfliegenfallen, Dionaea, das Fangen von Insekten (z. B. Fliegen), Bauchfüßlern (z. B. Nacktschnecken) und Amphibien (Wassermolchen und Fröschen) beobachten können.

ANPASSUNG AN NÄHRSTOFFARME LEBENSRÄUME

Das Phänomen des Fleischfressens bei Pflanzen gibt noch einige Rätsel auf: Weniger in Fragen des Zeitpunktes, denn man kennt einige Fossilien, von denen die ältesten auf 85 Millionen Jahre zurückgehen und Vorfahren von *Aldrovanda vesiculosa* zu sein scheinen. Einige Unklarheiten bestehen in der Entstehungsgeschichte, die man sich eher als einen langen Prozess vorstellen muss, der innerhalb der Gruppen unterschiedlich gestaltet wurde. Dieser bewirkte bei bestimmten Arten zunächst die Entwicklung unterschiedlichster Strategien für den Beutefang, nachfolgend wurden Mechanismen der Verdauung ausgebildet.

Dank dieser so mit Nährstoffen angereicherten Ernährung können sie sich extrem nährstoffarmen Lebensräumen anpassen: an saure Torfmoore, saure Gewässer, ausgewaschene Sandböden; zuweilen wird auch eine epiphytische Lebensweise ermöglicht.

Allerdings muss man präzisieren, dass der Begriff »karg« oder »nährstoffarm« hier durchaus relativ ist, denn er stellt ja

Links die seltene Drosera longifolia (Synonym D. anglica) in natürlicher Umgebung im Jura. Rechts der Blütenstand von Utricularia australis.

Typisches Biotop für Pinguicula grandiflora in den Pyrenäen, hier eine Form mit ungewöhnlich gefärbten Blüten.

Die Blüten fleischfressender Pflanzen sitzen oft am Ende langer Stängel, sehr weit von den Fallen entfernt, die tödlich für die potenziellen Bestäuber sind.

den normalen Lebensraum der fleischfressenden Pflanzen dar. Das, was wir als »nährstoffreiche« oder »durchschnittlich nährstoffversorgte« Lebensräume bezeichnen, kann sich für Karnivoren schon als schädlich erweisen, außerdem stehen sie hier in unmittelbarer Konkurrenz zu standortgerechten Gewächsen, die sie dann verdrängen.

Bei eine samtzahl von etwa 250 000 Arten von Blütenpflanzen werden lediglich etwa 550 als Karnivoren eingestuft. Sie gliedern sich in neun oder zehn Familien, und diese wiederum in 17 oder 18 Gattungen. Hier sei erwähnt, dass auch über 150 Pilze zu dieser Art der Ernährung übergegangen sind. Nur die Gattungen *Brocchinia, Catopsis* (Familie Bromeliaceae) und *Paepalanthus* (Familie Eriocaulaceae) sind einkeimblättrige Pflanzen. Die übrigen sind alle zweikeimblättrig. Manche Gattungen finden sich auf allen Kontinenten, wie *Utricularia* und *Drosera*, die allein schon drei Viertel aller Arten umfassen. Andere, wie der westaustralische *Cephalotus*, sind stark lokalisiert. Nur in den richtigen Wüsten und an den Polen gibt es keine Karnivoren. Sie wachsen im Erdboden, im Wasser oder epiphytisch (Besiedlung von Baumstämmen und -ästen) und besetzen unterschiedliche Lebensräume (Sumpf, Torfmoor, sumpfige Savannen, Seen usw.) sowie verschiedene Höhenlagen vom Meeresspiegel bis über 3000 Meter Höhe. Die deutsche Flora zählt mehrere wild wachsende Arten, Unterarten, Formen und natürliche Hybriden, darunter vier Sonnentau-Arten *(Drosera)*, zwei Fettkraut-Arten *(Pinguicula)*, sechs Wasserschlauch-Arten *(Urticularia)* und eine Wasserfallen-Art *(Aldrovanda)*.

Die Klappfalle der Venusfliegenfalle und die Fühlhärchen auf der Innenseite.

DIE FALLENTYPEN

Die Mechanismen, die dazu dienen, zeitweise Tiere anzulocken, zu leiten, ja zu fangen, sind nicht nur bei den fleischfressenden Pflanzen zu finden. Sie sind bei den Blütenpflanzen durchaus geläufig, wo Farben, Düfte und Nektar einzig den Zweck haben, die Fortpflanzung zu sichern. Bei den Karnivoren dienen diese Tricks nicht der Fortpflanzung, sondern der Ernährung, indem sie die zukünftigen Beutetiere zu den Fallen hinführen, wo sie gefangen und dann verdaut werden.

Dazu sei angemerkt, dass nur Blätter Fallen bilden, nie die Blüten, denn auch fleischfressende Pflanzen brauchen manchmal Insekten zur Gewährleistung ihrer Bestäubung. Deshalb sitzen ihre Blüten oft am Ende langer Stängel, um sie sorgfältig von den Fangzonen entfernt zu halten!

Klebefalle bei Drosera burmannii (links) und Ibicella lutea (rechts).

Die Fallen sind in zwei Gruppen zu teilen: aktive und passive. Die Ersteren führen eine mehr oder weniger schnelle Schließ- oder Einrollbewegung der Blätter um ihre Beute aus. Die passiven Fangmechanismen sind in Form und Größe sehr unterschiedlich und häufig sehr raffiniert gebaut. Ihre verschiedenen Baupläne und Funktionsweisen sind:

KLAPPFALLEN bei *Dionaea* und *Aldrovanda*: Sie bestehen aus einem »Kiefer«, der sich rasch in $^1/_{30}$ bis $^1/_{50}$ Sekunde schließt. Der Mechanismus der Venusfliegenfalle wird von kleinen, empfindlichen Fühlhaaren in Gang gesetzt, die sich in der Falle befinden. Die Beutetiere werden durch die rote Tönung an den Innenseiten der Blattspreite und durch Nektar bildende Drüsen angelockt. Allerdings schließt sich die Falle erst nach dem zweiten Kontakt mit einem der Fühlhaare, wodurch unnötiges Schließen vermieden wird. Bei *Aldrovanda* ist der Mechanismus ähnlich, obwohl hier die Falle nur ein paar Millimeter groß ist und die Beute Wassertiere sind.

Saugfallen beim Wasserschlauch.

KLEBEFALLEN bei *Byblis, Drosera, Drosophyllum, Ibicella, Pinguicula, Triphyophyllum*. Diese Pflanzen scheiden klebrige Schleimtröpfchen aus, an denen die Beutetiere kleben bleiben. Der Fang ist passiv, doch bei Sonnentau *(Drosera)* erfolgt darauf ein allmähliches Zusammenfalten des Blattes um die Beute, wodurch die Kontaktfläche vervielfacht und die Verdauung verbessert wird. Genauso rollt sich der Blattrand beim Fettkraut *(Pinguicula)* vom Saum her auf. Die übrigen Pflanzen dieser Gruppe bleiben völlig passiv.

SAUGFALLEN beim Wasserschlauch *(Utricularia)*. Er besitzt unter Unterdruck stehende Bläschen, die entlang der Wurzeln angeordnet und mit einer Klappe versehen sind. Deren Öffnung wird durch empfindliche Wimpern gesteuert, wodurch die winzigen Beutetiere in $^1/_{50}$ bis $^1/_{500}$ Sekunde eingesogen werden. Die sehr unauffälligen und kaum bekannten Wasserschlauch-Arten bilden für sich allein schon annähernd die Hälfte aller Karnivorenarten. Sie leben im Wasser, aber auch auf der Erde und als Epiphyten.

Reusenfallen bei Genlisea.

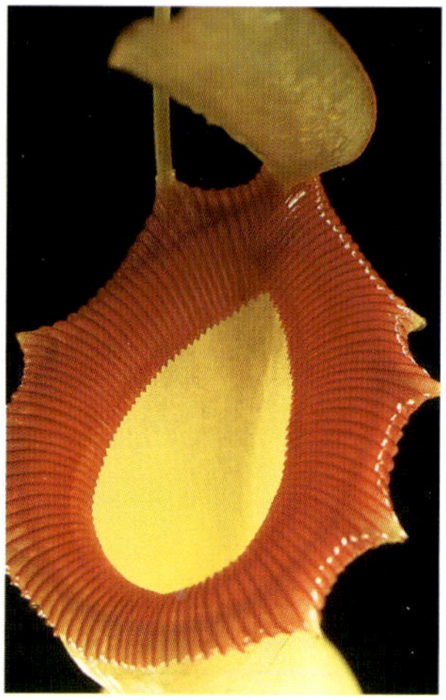

Gleitfallen bei Heliamphora (links), Sarracenia (Mitte) und Nepenthes (rechts).

REUSENFALLEN bei *Genlisea:* Diese Pflanze, die im Schlamm oder in feuchtem Sand lebt, besitzt Fallen in Form spiralförmiger Röhren, in die winzige Beutetiere eindringen. Durch »gegen den Strich« wachsende Härchen gefangen gehalten, gelangen sie im Laufe ihrer Wanderung zu einer »Kammer«, wo sie allmählich verdaut und schließlich assimiliert werden.

GLEITFALLEN bei *Brocchinia* und *Catopsis, Cephalotus, Darlingtonia, Heliamphora, Nepenthes, Paepalanthus, Sarracenia:* Diese zu Kannen umgewandelten Blätter erinnern an Röhren, Vasen, Hörnchen, Schuhe oder Reusen und bilden Fallen, aus denen die Beutetiere nicht mehr entkommen können. Die an manchen dieser Kannen befindlichen Deckel schließen sich nicht über ihrer Beute, der Fang geschieht passiv. Man unterscheidet drei Zonen: Die erste dient dazu, mittels Nektar und auffälliger Farben Insekten anzulocken, auf dem wachsartigen Belag der zweiten Zone rutschen diese ab, und die dritte Zone am Grunde der Kanne ist mit Wasser oder Verdauungssäften gefüllt, worin die Tiere ertrinken und dann verdaut werden.

Schnitt durch eine Nepenthes-Kanne (N. vieillardii) aus ihrem natürlichen Lebensraum in Neukaledonien.

DIE VERDAUUNG

Mehr noch als durch das Fangen der Beute zeichnen sich die fleischfressenden Pflanzen durch die Fähigkeit aus, diese zu verdauen.

Denn es gibt sehr wohl andere Pflanzen, die Insekten einfangen, ohne offensichtlich irgendeinen Nutzen daraus zu ziehen. Pierre Jolivet gibt uns in seinem Buch »Les plantes carnivores« einen breiten Überblick darüber: Manche, wie die Taupflanze *(Roridula)*, entwickeln ähnlich wie bestimmte Karnivoren eine klebrige Behaarung. Sehr viele Insekten geraten so in diese Falle, scheinen der Pflanze aber keinerlei Nutzen zu bringen. Hingegen profitieren zahlreiche »Hausbesetzer« (Spinnen, Wanzen usw.) von diesem »Manna«.

Andere sind in unseren Häusern und Gärten sehr verbreitet, wie die Petunienart *Petunia violacea*, die Gewöhnliche Pechnelke *(Lychnis viscaria)*, der Klebrige Salbei *(Salvia glutinosa)*, Karden *(Dipsacus)* und selbst die Tomate *(Lycopersicon esculentum)*; sie fangen mit ihren mehr oder weniger klebrigen Härchen Insekten, doch spricht nichts dafür, dass sie Karnivoren wären. Man könnte die Liste mit bestimmten Bäumen oder Schmarotzerpflanzen fortsetzen. Sind alle diese Gewächse auf dem Wege dazu, Fleischfresser zu werden oder handelt es sich um ursprüngliche fleischfressende Pflanzen? Nichts rechtfertigt solche Schlussfolgerungen. Sicher ist nur, dass die echten Karnivoren sich dadurch von ihnen unterscheiden, dass sie ihre Beute verdauen und direkten Nutzen daraus ziehen. Hier gibt es zwei Methoden:

- durch Verdauung mit **Enzymen** beim größten Teil der Gattungen von *Aldrovanda, Byblis, Cephalotus, Darlingtonia, Dionaea, Drosera, Drosophyllum, Genlisea, Ibicella, Nepenthes, Pinguicula, Sarracenia, Triphyophyllum* und *Utricularia*. Die Pflanze produziert selbst ein Enzym oder auch mehrere (Phosphorsäure, Amylasen, Esterasen, Invertasen, Lipasen, Peroxidasen, Proteasen, Ribonucleasen).
- durch Verdauung mit **Bakterien** bei einigen Kannenpflanzen, die keine Enzyme besitzen: *Brocchinia, Catopsis, Heliamphora* und *Paepalanthus*. Es sind allein die in den Kannen lebenden Bakterien, die die Verdauung der Beutetiere bewirken und durch die Nährstoffe freigesetzt werden, die die Pflanze anschließend aufnimmt.

Kanne einer Nepenthes.

Karnivoren

KULTIVIEREN

Wie wir gesehen haben, fasst man unter der Bezeichnung »Karnivoren« oder »fleischfressende Pflanzen« Gewächse sehr verschiedener Herkunft zusammen, die auch sehr unterschiedlich funktionieren, die folglich voneinander abweichende Bedürfnisse haben.

Dennoch gehören diese Pflanzen in ihrer Gesamtheit zu Pioniergesellschaften, die in offenen und nährstoffarmen Lebensräumen wachsen und die demzufolge konkurrenzschwach sind. Bis auf einige Ausnahmen, die wir von Fall zu Fall ansprechen werden, haben sie wesentliche Ansprüche gemeinsam, die für eine erfolgreiche Kultur berücksichtigt werden sollten:

- Sie brauchen sehr viel Licht.
- Sie sollten mit Regenwasser oder qualitativ ähnlich hochwertigem Wasser gegossen werden.
- Sie benötigen ein spezifisches, meist nährstoffarmes Substrat.
- Sie brauchen ein großes Substrat-Volumen, auch auf die Gefahr hin, dass die Größe des Gefäßes im Verhältnis zur Pflanzengröße unproportioniert wirkt. *Das Wohlbefinden der Pflanzen ist schließlich wichtiger als die Ästhetik!*

DAS LICHT

Es ist wesentlich für alle fleischfressenden Pflanzen außer für Pilze, deren Kultur aber nicht Thema dieses Buches ist. Es ermöglicht, wie bei anderen Pflanzen auch, den Ablauf der Photosynthese in den Blättern, auch wenn diese zusätzlich fleischsammelnde bzw. -verdauende Funktion haben.

Man könnte nun annehmen, dass die »Fleischfresserei« die Photosynthese ersetze, aber das ist nicht der Fall: Während die Photosynthese der Pflanze ermöglicht, energiespendende Zuckerstoffe zu bilden, liefern die Beutetiere den Karnivoren unter anderem Stickstoff, den sich andere Pflanzen normalerweise aus dem Boden holen und der den Pflanzen zur Herstellung von Eiweißbausteinen dient.

Die Ansprüche der Pflanzen

- Die meisten fleischfressenden Pflanzen sind Pflanzen offener Lebensräume, in denen entweder Pioniergesellschaften leben oder wo sich die Vegetation nur begrenzt entwickeln kann: folglich brauchen sie viel Sonne.
- Es gibt zwei Ausnahmen: Die Gattungen *Pinguicula und Nepenthes*, die zwar ebenfalls viel Licht benötigen, aber anstelle voller Sonne eher indirektes Licht bevorzugen (siehe Pflanzenbeschreibungen).

Natürliche Lichtquellen

Entscheiden Sie sich dafür, wann immer es möglich ist. Ob pralle Sonne oder indirektes Sonnenlicht – es ist die Garantie für gesunde, kräftige, krankheitsresistente Pflanzen und trägt dazu bei, dass das Laub in kräftigen Farben leuchtet.

FREILAND: In großen Töpfen oder angelegten Sumpfbeeten gedeihen *Dionaea, Drosera* und *Sarracenia* bei ganztägig direkter Sonneneinstrahlung optimal. *Darlingtonia* bevorzugt Halbschatten.

INNENRAUM: Stellen Sie die Karnivoren in den verschiedenen Räumen des Hauses auf und berücksichtigen Sie dabei die Temperaturen und die Ausrichtung der Fenster. Im Winter nach Süden oder Südwesten, im Sommer nach Osten oder Westen (da direkte Sonne durch die Fensterscheiben im Sommer leicht Verbrennungen an den Blättern bewirken kann). Die Pflanzen sollten auf gleicher Höhe, jedoch 15 bis 20 cm entfernt von der Fensterscheibe aufgestellt werden. Von Standorten unter kleinen Dachfenstern oder ähnlichem muss abgeraten werden, denn dort reicht die Lichtstärke nicht aus, desgleichen bei Milchglas- oder Opalglasscheiben, die das Licht zu stark filtern. Mit einem Fenster ausgestattete Badezimmer eignen sich gut für die pflegeleichteren tropischen *Nepenthes,* sofern sie ganz dicht an der Fensterscheibe stehen können. Für die Kultivierung anspruchsvollerer *Nepenthes* bietet sich eher das Warmhaus oder ein Terrarium an.

Künstliche Lichtquellen

Im Innenbereich können im Winter zusätzlich Neonröhren verwendet werden. Dabei müssen so genannte Vollspektrum-Neonröhren und Tageslichtröhren gemeinsam benutzt werden. Sie können sogar ausschließlich diese Lichtquelle verwenden, um bestimmte *Nepenthes* und westaustralische *Cephalotus,* einige *Drosera-* und *Pinguicula-*Arten zum Wachsen zu bringen. Versuche mit Pinguicula aus Höhenlagen zeigen, dass eine zusätzliche Bestrahlung mit ultraviolettem Licht wachstumsfördernd ist.

DAS WICHTIGSTE ZUM THEMA LICHT

- Alle Karnivoren sind in Bezug auf Licht sehr anspruchsvoll.
- Die meisten brauchen direkte Sonnenbestrahlung.
- *Nepenthes* und *Pinguicula* bevorzugen indirektes Licht.

DIE TEMPERATUR

Die Wahl und der Kauf von Karnivoren-Arten sollte sich zum Teil an den Temperaturen orientieren, die Sie ihnen im Haus oder im Garten bieten können. Man kann sie vereinfachend in drei Gruppen unterteilen:

Arten für kalte Bereiche

Sie können das ganze Jahr über im Freiland gehalten werden, denn sie vertragen unter bestimmten Bedingungen Frost:

Im Freiland-Sumpfbeet (und nicht in Töpfen, da das geringe Volumen keine ausreichende Wärmespeicherkapazität bei plötzlichen Temperaturschwankungen bietet): *Dionaea, Darlingtonia, Drosera* von der nördlichen Erdhalbkugel und aus Neuseeland, *Pinguicula-*Arten von der nördlichen Halbkugel, alle *Sarracenia-*Arten.

Im Becken / Teich: *Aldrovanda vesiculosa, Utricularia* von der Nordhalbkugel. Diese Wasserpflanzen bilden Überwinterungsknospen (Hibernakel), die im Winter auf den Grund des Wassers sinken und ihnen ermöglichen, die schlechte Jahreszeit zu überstehen. Der Teich muss tief genug sein, damit der Grund nicht einfriert.

Im Garten: *Ibicella* (dies ist eine einjährige Pflanze, die im Winter abstirbt und den Winter in Form von Samen überdauert).

DAS WICHTIGSTE ZUM THEMA TEMPERATUR

- Die meisten Karnivoren zeigen eine gewisse Toleranz innerhalb ihres bevorzugten Temperaturbereichs.
- Dennoch sollte man Temperaturen meiden, die ihnen überhaupt nicht behagen und zum Beispiel Pflanzen aus kalten Klimazonen nicht im warmen Gewächshaus halten oder umgekehrt.
- Wenn man die Pflanzen lange behalten will, muss man versuchen, sich so weit als möglich den Bedingungen des natürlichen Lebensraumes anzunähern.

Arten für gemäßigte Bereiche

Sie müssen frostfrei gehalten werden, brauchen aber kühlere Überwinterungstemperaturen und im Laufe des Jahres Unterschiede in der Tageslänge.

Man zieht sie in Töpfen, Kästen oder im angelegten Sumpfbeet, im Wintergarten, im Kalthaus oder im Haus, sofern sie in einen kühlen Raum stehen können, in dem während der Wintermonate 15 °C nicht überschritten werden.

Im Allgemeinen können die weniger empfindlichen Arten in Töpfen nach Ende der Frostperiode ins Freie gestellt werden, damit sie in den vollen Lichtgenuss kommen:

- *Aldrovanda vesiculosa, Brocchinia reducta, Byblis liniflora* (einjährig) und *B. gigantea, Cephalotus, Dionaea*, die meisten *Drosera*-Arten (die afrikanischen, australischen und südamerikanischen), *Drosophyllum, Heliamphora, Ibicella* (einjährig), mexikanische *Pinguicula,* alle *Sarracenia,* die große Mehrheit der *Utricularia* außer den tropischen Arten.

Arten für warme Bereiche

Sie müssen im warmen Gewächshaus, im geheizten Wintergarten oder drinnen im Haus in Räumen mit ausreichender Luftfeuchtigkeit gezogen werden (beispielsweise in einem hellen Badezimmer oder in einem Terrarium), da die meisten von ihnen für optimales Wachstum eine hohe Luftfeuchtigkeit benötigen:

Im Warmen kann Pinguicula 'Tina' zusammen mit Nepenthes das ganze Jahr über wachsen.

TEMPERATURANSPRÜCHE VON KARNIVOREN

	kalter Bereich	gemäßigter Bereich	warmer Bereich
Sommer / Tag	16–20 °C	20–25 °C	25–35 °C
Sommer / Nacht	5–10 °C	13–15 °C	18–20 °C
Winter / Tag	5–10 °C	10–15 °C	18–20 °C
Winter / Nacht	–15 – +5 °C	10–12 °C	18–20 °C
Wichtigste Kulturmöglichkeiten	Außenbereich: Freiland-Sumpfbeet und Teiche	Innenbereich: Töpfe, Kästen, (Raumtemperatur unter 15 °C im Winter), im ungeheizten Wintergarten, Kalthaus	Töpfe, Kästen, Körbe, im luftfeuchten Innenraum, geheizten Wintergarten, Warmhaus
Aldrovanda vesiculosa	●	●	
Aldrovanda vesiculosa, tropische Formen			●
Brocchinia reducta		●	●
Byblis gigantea		●	
Byblis liniflora		●	●
Catopsis			●
Cephalotus		●	
Darlingtonia	●		
Dionaea	●	●	
afrikanische, australische, südamerikanische *Drosera*		●	
Drosera von der Nordhalbkugel und aus Neuseeland	●	●	
Drosophyllum		●	
Genlisea			●
Heliamphora		●	●
Ibicella	●	●	
Nepenthes			●
Pinguicula von der Nordhalbkugel	●		
mexikanische *Pinguicula*		●	
tropische *Pinguicula*			●
Sarracenia	●	●	
tropische *Utricularia*			●
übrige *Utricularia*	●	●	

● Tropische Formen von *Aldrovanda vesiculosa, Brocchinia* (bevorzugt aber tageszeitabhängige Temperaturschwankungen), *Catopsis, Byblis liniflora, Genlisea, Heliamphora* (auch sie bevorzugt unterschiedliche Tages- und Nachttemperaturen), alle *Nepenthes,* tropische *Pinguicula*-Arten, tropische *Utricularia*-Arten.

DAS WASSER

Für diese Pflanzen, die überwiegend in feuchten Böden leben, ist Wasser sehr wichtig, sowohl in Bezug auf die Menge wie auf die Qualität. Halten Sie die nachfolgenden Angaben genau ein: dies ist einer der wichtigsten Punkte für eine erfolgreiche Kultur.

Die Wasserqualität

Verwenden Sie möglichst nur Regenwasser, das aus einem weitgehend unbelastetem Umfeld stammt.
Ebenfalls verwenden kann man:

- destilliertes Wasser, wie man es für Dampfbügeleisen und Autobatterien benutzt
- mittels Umkehrosmosegeräten gefiltertes Wasser, wie es Aquarienfreunde verwenden
- mit einem handelsüblichen Ionenaustauscher gefiltertes Leitungswasser.

Vermeiden Sie unbedingt handelsübliches Mineralwasser (denn es enthält eben gerade zu viele Mineralien für Karnivoren), desgleichen Quellwasser, Brunnenwasser, Wasser aus Wasserenthärtern, Wäschetrocknern oder Abtauwasser aus Kühlschränken, das selten rein genug beziehungsweise mineralstoffarm genug ist.

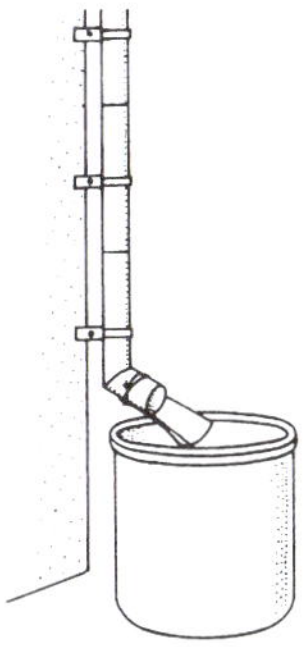

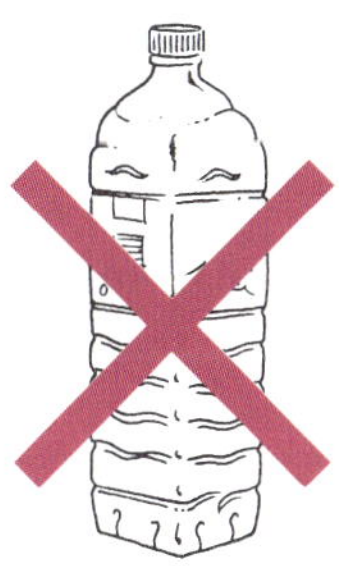

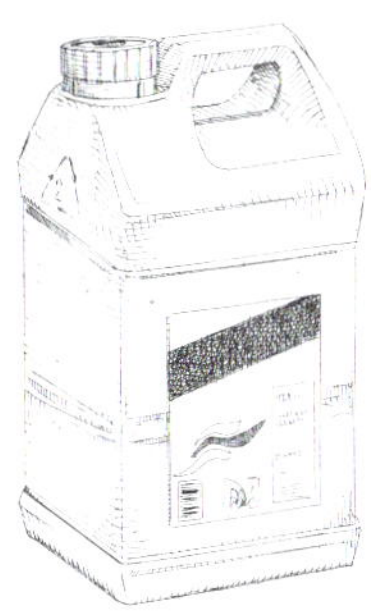

Pflanzen in Töpfen und Kästen richtig gießen

ALLGEMEINE GIESSREGELN:
Folgende Methoden haben sich bei den meisten Arten der Sumpfpflanzen bewährt:

VON ANFANG NOVEMBER BIS ENDE APRIL:
Lassen Sie kein Wasser im Untersetzer stehen. Halten Sie das Substrat nur mäßig feucht. Prüfen Sie mit dem Zeigefinger: Am Finger muss Feuchtigkeit haften bleiben. In dieser Zeit erfolgt das Gießen direkt auf die Erde.

VON ANFANG MAI BIS ENDE OKTOBER:
Lassen Sie in dem Topf ständig 2 oder 3 cm Wasser stehen. Bei Töpfen mit Reservoir legen Sie den Wasserstand auf ein Viertel der Anzeigerhöhe fest. Gießen Sie in dieser Zeit die Planze niemals von oben.

Sonderfälle (siehe auch entsprechende Pflanzenbeschreibungen)

- *Ibicella,* eine Pflanze aus trockenen Lebensräumen, die nicht auf durchnässtem Substrat gezogen wird. Sie müssen sie wie eine normale Zimmerpflanze gießen beziehungsweise wie eine Gartenpflanze, wenn Sie sie ins Freiland gepflanzt haben.
- *Byblis gigantea,* knollenbildende *Drosera*-Arten, *Drosophyllum:* Diese Pflanzen haben im Sommer und Herbst ihre Ruhezeit. Zu viel Wasser ist in dieser Zeit schädlich für sie.

Gießen von Epiphyten

- Manche *Nepenthes* und einige *Utricularia* sind Epiphyten und fühlen sich in Blumenampeln wohl. Ein aus frischem Torfmoos ohne irgendwelche Zusätze bestehendes Substrat bringt gute Ergebnisse. Das Substrat muss nur mäßig feucht gehalten werden, sei es durch Tauchen des Korbes, sei es durch Gießen von oben.
- *Catopsis* lebt ausschließlich epiphytisch, die Pflanze verankert also ihre Wurzeln direkt auf einer Unterlage, einem Stamm oder Ast. In Kultur kann man sie mit Hilfe eines Tropfens Heißkleber mit dem Wurzelhals beispielsweise auf eine dekorative Unterlage kleben, oder man kann sie mit etwas Bast festbinden. Rasch erscheinen Haftwurzeln. Das »Gießen« besorgt man durch häufiges Übersprühen.

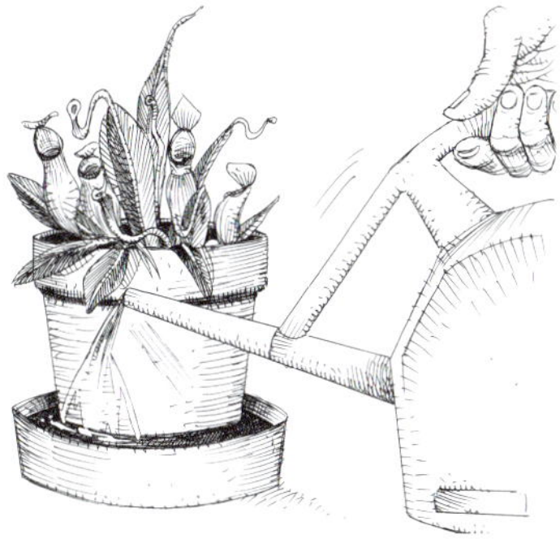

Nepenthes: Das Substrat muss gerade feucht gehalten werden, ohne dass der Topf im Wasserbad steht.

Die Zubereitung des Wassers für Wasserpflanzen

Um *Aldrovanda* und *Utricularia* ziehen zu können, muss man ein echtes Miniatur-Ökosystem nachbilden.

Füllen Sie auf den Grund eines Beckens oder Aquariums 10 bis 20 cm Weißtorf: er wird die Pflanzen mit den nötigen Mineralstoffen versorgen. Gießen Sie dann Regenwasser oder destilliertes Wasser darauf. Lassen Sie das Wasser ein oder zwei Monate lang stehen: Es nimmt dann eine strohgelbe Färbung an. Es ist je nach Größe des Beckens oder Aquariums ratsam, Pflanzen wie z. B. *Carex-*, *Typha-* oder *Nymphaea*-Arten einzusetzen, die den möglichen Nährstoffüberschuss aufnehmen. Sorgen Sie auch für eine Mikrofauna (Wasserflöhe, Hüpferlinge usw.), die Sie aus einem Zoohandel besorgen können. Zuletzt kommen die fleischfressenden Pflanzen dazu. Überprüfen Sie regelmäßig den pH-Wert, der sich zwischen 5,5 und 6,0 einpendeln muss. Erfolgreich ist auf lange Sicht die Nachbildung einer naturnahen kleinen Lebensgemeinschaft.

Aldrovanda vesiculosa

DAS WICHTIGSTE ZUM THEMA WASSER UND GIESSEN

- Verwenden Sie nur Regenwasser oder destilliertes Wasser.
- Bei Sumpfpflanzen erfolgt das Gießen in der Wachstumsperiode von unten und während der Ruhezeit nur von oben.
- *Nepenthes* dürfen nie mit den Wurzeln »im Fußbad« stehen.
- Die Blätter dürfen, außer bei *Catopsis*, keinesfalls übersprüht werden.

DIE LUFTFEUCHTIGKEIT

Mit Ausnahme der Pflanzen aus tropischen Klimagebieten ist dies kein so wesentlicher Faktor wie die Bodenfeuchtigkeit. Selbst in der Natur ist die Luftfeuchtigkeit je nach Klima, Jahres- und Tageszeit gewissen Schwankungen unterworfen. Das ist natürlich in geringerem Maße im Gewächshaus, Wintergarten oder im Haus genauso, und es wäre vergebens, sie um jeden Preis völlig stabil halten zu wollen. Man kann jedoch die Bereiche definieren, in denen die Gattungen und Arten am besten gedeihen.

MÄSSIGE LUFTFEUCHTE (MINDESTENS 40 %)
Byblis, Darlingtonia, Dionaea, Drosera, (außer tropische Arten), *Drosophyllum, Ibicella,* (mindestens 25 %), *Pinguicula* (außer tropische Arten), *Roridula, Sarracenia, Utricularia.*

MÄSSIGE BIS HOHE LUFTFEUCHTE (MINDESTENS 50 BIS 80 %)
Brocchinia, Cephalotus, Heliamphora.

HOHE LUFTFEUCHTE (ÜBER 80 %)
Catopsis, tropische *Drosera, Nepenthes, Genlisea,* tropische *Pinguicula,* tropische *Utricularia.*

DAS WICHTIGSTE ZUM THEMA LUFTFEUCHTIGKEIT

- Tropische Arten vertragen keine geringe Luftfeuchtigkeit.
- Die meisten anderen fleischfressenden Pflanzen passen sich schwankender Luftfeuchtigkeit an.

DAS SUBSTRAT

Da es kein Standard-Substrat gibt, sollten sich die verschiedenen Produkte aus den unten aufgeführten Bestandteilen zusammensetzen. Es gibt Dutzende empfohlener Mischungen, doch ihr Unterschied besteht lediglich im Verhältnis der Zutaten zueinander.

Orientieren Sie sich beim Kauf eine Substrates im Handel nicht an den ins Auge fallenden Informationen, wie Markenname oder Angaben zu Werbezwecken. Prüfen Sie sorgfältig die genaue Zusammensetzung des Produkts, die häufig ganz klein gedruckt ist. Das Substrat darf keinerlei Beimengungen oder Anreicherungen (wie Algen, Mist, Mineraldünger, organischen Dünger usw.) enthalten.

Bei Weiß- und Schwarztorf prüfen Sie sorgfältig den pH-Wert des Produkts und die enthaltenen torfbildenden Moosarten, denn lediglich die Nennung der Torffarbe auf der Tüte ist nicht immer ein ausreichendes Kriterium.

Blühende Nepenthes vieillardii, typisch für eisen- und magnesiumhaltiges Abbaugelände in Neukaledonien.

Grundelemente des Substrats

WEISSTORF: entstanden aus der Zersetzung bestimmter Moose, den Torfmoosen *(Sphagnum);* sein pH-Wert liegt im sauren Bereich zwischen 3,5 und 4,5. Er bildet meist 50 bis 70 % des für Ihre Pflanzen verwendbaren Substrats.

SCHWARZTORF: hervorgegangen aus der Zersetzung eines anderen Moostyps, nämlich Laubmoosen *(Hypnum);* sein pH-Wert ist eher alkalisch und liegt über 7. Er wird in ganz besonderen Fällen verwendet und stellt dann für bestimmte Pinguicula-Arten der Nordhalbkugel 30 bis 60 % des Substrats.

TORFMOOS (SPHAGNUM): Hier verwendet man es frisch und unzersetzt (im Gegensatz zum Weißtorf). Mischen Sie es nicht mit anderen Beigaben, denn dann schimmelt es. Es wird so verwendet:

- entweder pur, ohne geringste Beimischung, für epiphytische *Utricularia* und zuweilen für *Nepenthes*
- oder als Oberflächenbewuchs bei bestimmten Gattungen: *Cephalotus, Darlingtonia, Heliamphora.*

KOKOSFASER: in der Reinform schwierig zu finden, da sie nicht im Handel erhältlich ist. Sofern Sie sie zu 70 % unter der Zugabe dränierenden Materials verwenden, erzielen Sie gute Ergebnisse bei *Nepenthes.*

FARNWURZELN: Verwendung als 70 %-ige Beimischung. Stücke feiner Wurzeln von Baumfarnen.

MUTTERERDE (NUR FÜR *IBICELLA*): Verwendung zu 20 %. Echter Humus ohne Torfzusatz.

WICHTIG: Es sollte uns bewusst sein, dass die Verwendung von torfhaltigen Substraten für fleischfressende Pflanzen ebenso wie von Gartenmischungen auf gleicher Grundlage zur Zerstörung der Torfmoore beiträgt. Der klassische Gartenbau könnte und muss sich nach anderen Substraten umsehen. Doch wie soll man sich bei den Karnivoren von einem Element unabhängig machen, das für die meisten von ihnen lebensnotwendig ist? Ich wäre glücklich, wenn ich Sie hier über meine Entdeckung eines Substrats in Kenntnis setzen könnte, das dieses Material nicht mehr verwendet, doch meine bisherigen Erfahrungen sind leider negativ (außer bei Nepenthes).

Dränierende Zusatzstoffe für Substrate

SAND: Verwendung von Quarzsand, wie man ihn in Zoohandlungen kauft. Er bildet meist 10 bis 30 % des Substrats, zuweilen auch 80 % (*Byblis,* kleinwüchsige *Drosera,* knollenbildende *Drosera, Genlisea*).

VERMICULIT: Mineral, das unter tropischem Klima aus Phlogopit und Biotit entsteht. Das Substrat kann 10 bis 20 % davon enthalten.

PERLIT: natürliches Silikat. Meist 10 bis 20 %, bei bestimmten *Pinguicula* bis 70 %. Verbrauchtes Perlit lässt *Nepenthes* absterben.

STYROPOR, PUZZOLANE, BLÄHTON, STEINWOLLE, RINDENHUMUS: Sie können wegen ihrer Neutralität untergemischt werden, aber nicht zu mehr als 10 %.

Sarracenia psittacina, die genauso kultiviert wird wie Sarracenia rubra (siehe Seite 69) zusammen mit frischem Torfmoos.

Die wichtigsten Substrate

Verschiedene Typen von Substraten können sich für die selbe Pflanze eignen, wenn man die zuvor aufgeführten Elemente (auf keinen Fall andere) in unterschiedlichen Verhältnissen zueinander mischt. Es gibt kein einzig gültiges Rezept, und mit zunehmender Erfahrung stellt sich schließlich jeder Liebhaber seine »Hausmischung« her. Alles ist indessen nicht erlaubt, und ich führe nachfolgend Beispiele für Substrate auf, die man für die großen Pflanzengruppen verwenden kann. Weitergehende Informationen sowie andere Substrat-Beispiele finden Sie in den jeweiligen Pflanzenbeschreibungen.

SUMPFPFLANZEN *(Darlingtonia, Dionaea, Drosera, Heliamphora, Sarracenia, terrestrische Utricularia)*	*70 % Weißtorf, 30 % Sand*
KANNENPFLANZEN *(Nepenthes)*	*50 % Weißtorf (max.), Kokosfaser oder frisches Torfmoos, 20 % Sand, 20 % Vermiculit, 10 % Rindenmulch*
FETTKRAUT-ARTEN *(Pinguicula) der Nordhalbkugel*	*50 % alkalischer Schwarztorf 50 % Sand*
FETTKRAUT-ARTEN *(Pinguicula) aus Mexiko*	*50 % Perlit, 30 % Weißtorf, 20 % Vermiculit*

DAS WICHTIGSTE ZUM THEMA SUBSTRAT

- Verwenden Sie für die Herstellung von Substraten ausschließlich die oben aufgeführten Grund- und Nebenbestandteile.
- Die Bestandteile des Substrats müssen in ihrer Reinform (ohne irgendwelche Beimengungen) eingesetzt werden.
- Die verwendeten Substrate müssen nährstoffarm und schwach mineralhaltig sein.
- Die meisten Arten mögen Säure, nur manche *Pinguicula*-Arten brauchen Kalk (siehe Beschreibung *P. vallisneriifolia*, Seite 88).

Manche epiphytischen Wasserschlauch-Arten, wie hier Utricularia longifolia var. forgetiana, werden in Blumenampeln gehalten.

GEEIGNETE PFLANZGEFÄSSE

Töpfe und Kästen sollten aus Plastik sein. Dennoch ist die Verwendung von Tontöpfen möglich, aber schwieriger, denn sie trocknen schneller aus und lagern an ihrem Rand Mineralsalze ab.

Besorgen Sie sich große Töpfe mit passendem Untersetzer oder auch Gefäße mit Wasserreservoir und Wasserstandsanzeiger. Manche *Nepenthes* und *Utricularia* entwickeln sich auch sehr gut in Plastikkörben.

Für alle Behälter gilt als Grundregel, dass man sie überproportional zur Pflanzengröße wählen soll: Man braucht mindestens 40 cm Tiefe und ebensoviel Seitenlänge, sei es für eine oder vier Pflanzen. Und es macht gar nichts, wenn die Pflanze im Topf etwas verloren aussieht – Hauptsache, sie verfügt über genügend Substratvolumen. Dieses ermöglicht es ihr, Temperatur- und Feuchtigkeitsschwankungen im Wurzelbereich besser auszugleichen, und das ist häufig lebensnotwendig für *Karnivoren,* die insgesamt empfindlich diesen Unterschieden gegenüber sind.

Umgetopft wird gleich nach dem Kauf, natürlich in ein Behältnis mit dem oben genannten Volumen. Zukünftig erneuert man alle vier Jahre lediglich das Substrat. Die Technik des Umtopfens selbst unterscheidet sich nicht von dem klassischer Zimmerpflanzen, abgesehen davon, dass man unten in den Topf keine Dränageschicht füllt.

Zwei Topftypen, die sich hervorragend für die Kultur von Karnivoren eignen: links mit tiefem Untersetzer, rechts mit Reservoir und Wasserstandsanzeiger.

DAS WICHTIGSTE ZUM THEMA PFLANZGEFÄSSE

- Die Töpfe sollten aus Plastik sein.
- Es sind große Gefäße nötig, auch wenn sie im Verhältnis zur Größe der Pflanzen überproportioniert wirken.

DIE NÄHRSTOFFVERSORGUNG

Im Allgemeinen brauchen fleischfressende Pflanzen keine Düngegaben. In der selben Menge wie bei klassischen Pflanzen angewandt, wirken sie auf Karnivoren sogar schädlich. In Kultur finden die meisten ihre Nahrung:

ÜBER DAS SUBSTRAT: Aufbereiteter Torf enthält im Allgemeinen zwischen 25 und 40 % organischer Stoffe, zwischen 0,3 und 0,6 % Stickstoff sowie Spurenelemente. Das genügt den meisten Pflanzen, um ohne Düngergabe und sogar ohne Beutetiere gut zu wachsen. Ohne Letztere können aber Blattoberfläche, Samenmenge und Lebensdauer reduziert sein.

ÜBER IHRE BEUTETIERE: Diese liefern die notwendige Nährstoffversorgung, besonders an Stickstoff. Wenn Sie die Pflanzen in der wärmeren Jahreszeit ins Freie umsiedeln, stellen Sie sie auf eine Fensterbank, den Balkon oder in den Garten – sie ernähren sich dann ganz allein und brauchen nichts anderes. In Innenräumen kann man zur Ernährung seiner Schützlinge Taufliegen *(Drosophila)* züchten, doch das ist selten wirklich nötig (außer bei knollenbildenden *Drosera*-Arten, denen das sehr gut bekommt). Übertreiben Sie es aber auf keinen Fall, denn eine »Überfütterung« mit Insekten kann die Blätter schwarz färben.

Hingegen bekommt den meisten kultivierten Pflanzen eine leichte Düngergabe, sofern man dabei vorsichtig zu Werke geht. Man kann übrigens feststellen, dass in der Natur bis zu einem gewissen Punkt weniger die Nährstoffanreicherung im Boden, sondern eher der daraufhin entstehende Konkurrenzdruck durch andere Pflanzen nachteilig für sie ist. Diese Düngergabe erfolgt, sofern die Pflanze überhaupt keine Insekten bekommt. Man sollte dabei äußerst umsichtig vorgehen, da sie darauf weitaus empfindlicher als andere Pflanzen reagieren. Außerdem kann sich die Düngergabe hemmend auswirken: Wenn man z. B. das Wachstum von *Nepenthes* zu sehr anregt, bilden sich keine Kannen mehr oder sie sind weniger farbig.

Üblicherweise setzt man einen schwach dosierten Orchideendünger zu, und zwar im Winter einmal im Monat, vom Frühjahr bis zum Herbst alle 20 Tage. Der Dünger wird je nach Pflanze folgendermaßen verabreicht:

Das passiert, wenn eine fleischfressende Pflanze »überfüttert« wurde: ihr Laub bekommt dunkle Flecken.

- *Brocchinia, Catopsis, Cephalotus, Darlingtonia, Dionaea, Heliamphora, Sarracenia*: durch Besprühen der Blätter.
- *Byblis, Drosera, Drosophyllum, Pinguicula:* durch vorsichtiges Sprühen auf die Blätter. Sobald die Pflanze auch nur im geringsten empfindlich reagiert, verringern Sie die Häufigkeit der Düngegaben.
- *Nepenthes:* durch Sprühen auf die Blätter bei Jungpflanzen, durch Gießen von unten als Beigabe zum Gießwasser bei ausgewachsenen Pflanzen.

DAS WICHTIGSTE ZUM THEMA DÜNGEN

- Allgemein gilt, dass Karnivoren in Kultur weder Düngegaben noch Beutetiere benötigen.
- Eine Zucht von Taufliegen ist für knollenbildende *Drosera*-Arten förderlich.
- Dünger kann eventuell verabreicht werden, sofern man sehr vorsichtig dabei vorgeht.

VERMEHRUNGSMETHODEN

In diesem Punkt unterscheiden sich Karnivoren nicht von anderen Pflanzen: Alle klassischen Vermehrungsmethoden können auch bei ihnen angewandt werden.

Aussaat

Diese Methode ergibt bei frischen Samen und leicht keimenden Arten eine hohe Pflanzenanzahl. Sie erfolgt bei allen Pflanzen im Frühjahr oder im Herbst. Dann kann es einige Monate (bei einjährigen Pflanzen) dauern, sich aber auch bis zu zwei, ja zehn Jahren hinziehen, ehe man eine ausgewachsene Pflanze hat.

Man verwendet dazu flache Behälter mit Abzugslöchern, die ständig in etwas Wasser stehen. Sie werden mit geeignetem Substrat gefüllt (oft 70 % Weißtorf mit 30 % Sand) und hell gestellt. Lichtkeimer (z. B. *Drosera, Pinguicula*) werden nicht mit dem Substrat bedeckt. Dunkelkeimer (z. B. *Drosophyllum* und *Sarracenia*) werden mit einer 0,5 mm dünnen Substratschicht leicht abgedeckt. Ihre Keimung lässt drei Wochen bis mehrere Monate lang auf sich warten.

Teilung

Wenn man sie bei erwachsenen Pflanzen vornimmt, erzielt man bei *Aldrovanda, Brocchinia, Catopsis, Cephalotus, Darlingtonia, Heliamphora, Pinguicula, Sarracenia* und *Utricularia* gute Ergebnisse. Die Technik ist die gleiche wie bei anderen Zimmerpflanzen.

Ableger und Stecklinge

WURZELN (von *Cephalotus,* manche *Drosera*-Arten wie *D. binata, D. regia*) und Rhizome (von *Darlingtonia, Heliamphora, Sarracenia*) werden in ein Substrat gepflanzt, dessen Zusammensetzung der des Kultursubstrates gleicht. Stecklinge werden zu Beginn der Wachstumszeit geschnitten. Schneiden Sie 2 bis 5 cm lange Stücke ab, legen Sie sie auf die Mischung und bedecken Sie sie leicht mit Substrat.

BLATTSTECKLINGE werden bei *Cephalotus, Dionaea, Drosera, Genlisea* in Kultursubstrat oder frischem Torfmoos angezogen, *Pinguicula* in einer Mischung aus 50 % Perlit und 50 % Vermiculit weiter kultiviert. Für den größten Teil der Arten ist vom Frühlingsende bis zur Sommermitte die richtige Zeit dafür. Als Stecklinge nimmt man gesunde Blätter, die flach auf das Substrat gelegt werden.

STAMMSTECKLINGE bei *Byblis gigantea* und *Nepenthes* im Frühjahr. Hier verfährt man genau so wie bei klassischen Pflanzen. Verwendet werden Triebenden oder andere Triebstücke. Sie werden in Bewurzelungshormone getaucht und in das Substrat oder in Torfmoos gesteckt. 25 °C Wärme und Feuchtigkeit sind notwendig für eine gelungene Vermehrung.

Züchtung

Die Kreuzung ist bei *Sarracenia* und *Nepenthes* nicht schwer durchzuführen. Bei den Ersteren genügt es, den Pollen mit einem Pinselchen von den Staubgefäßen abzunehmen und auf die fünf Narben zu verteilen. Verwenden Sie jedoch den Pollen einer anderen Pflanze, da der Pollen auf der Narbe der gleichen Pflanze nicht keimfähig ist. Um den Erfolg zu garantieren, wiederholen Sie diese Prozedur so lange, wie die Pflanzen blühen. Bei der zweihäusigen *Nepenthes* besteht die größte Schwierigkeit darin, gleichzeitig eine männliche und eine weibliche blühende Pflanze für eine gegenseitige Befruchtung zu haben. Einkreuzungen bei anderen als den beiden genannten Gattungen verlangen häufig ein gewisses Fingerspitzengefühl.

Darlingtonia californica

Bei gezielten Kreuzungen zwischen verschiedenen Elternpflanzen sollten Sie zuvor prüfen, ob wirklich ein Interesse an Ihrer Züchtung besteht, denn es existieren schon eine Menge! Dabei müssen Sie darauf achten, dass keine zufällige Bestäubung mit Pollen einer Nachbarpflanze stattfindet.

Am Freiland-Standort schützen Sie die zur Weiterzucht ausgewählten Pflanzen durch kleine Folienbeutel oder Netze vor unfreiwilliger Bestäubung durch Insekten. Im Gewächshaus ist diese Gefahr aufgrund des geschlossenen Systems und der frühzeitigeren Blüte kaum gegeben. Notieren Sie sorgfältig Elternpflanzen und Datum der Kreuzung, um die Herkunft der Neuzüchtung dokumentieren zu können.

DER RICHTIGE STANDORT

Fleischfressende Pflanzen können sowohl im Garten, in Gewächshaus und Wintergarten als auch im Haus gezogen werden. Dabei gilt es, die richtige Pflanzenwahl für den richtigen Standort zu treffen, die optimalen Wuchsbedingungen zu schaffen und möglichst genau einzuhalten.

Angelegtes Sumpfbeet in einem Garten im Frühling: im Vordergrund die Kannen von Sarracenia purpurea subsp. venosa.

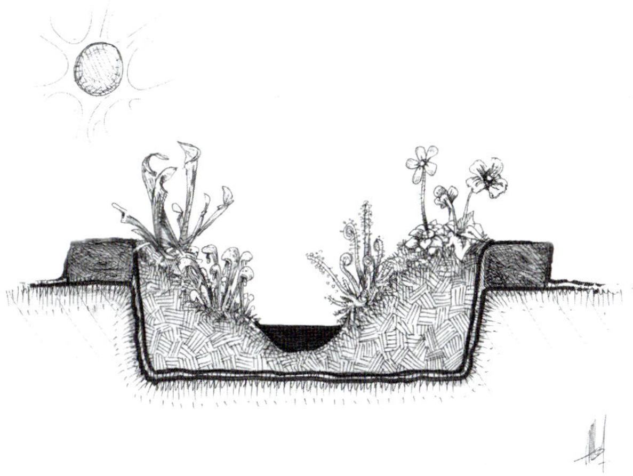

Querschnitt durch ein Sumpfbeet im Garten. Beachten Sie, wie die Folie am Grund und an den Wänden eingebracht wurde.

Im Garten

Das Sumpfbeet im Garten sollte zukünftig verstärkt in der Gartengestaltung Einzug halten, genauso wie ein Steingarten oder Teich. Die Anlage dieses einzigartigen und attraktiven Biotops ist ganz einfach:

- Graben Sie im Herbst an einem sonnigen Standort ein mindestens 60 cm tiefes, 3 oder 4 m großes Loch. Breiten Sie einen alten Teppichboden mit der weichen Seite zur Erde an den Wänden und auf dem Grund aus.
- Legen Sie darauf eine 1 mm dicke Teichfolie. Lassen Sie die Ränder zur Sicherheit 20 cm überstehen; sie können an Holzbohlen geheftet werden. Das Wichtigste ist, dass kein Sickerwasser eindringen kann.
- Füllen Sie die Grube mit Weißtorf auf, beachten Sie dabei, dass er sich noch setzt. Befeuchten Sie ihn mit Regenwasser und warten Sie bis zur Frühlingsmitte, bevor Sie die Pflanzen einsetzen. Denken Sie ans Gießen bei Sommertrockenheit. Planen Sie eine Speichermöglichkeit für Regenwasser mit ein. Im Sommer wird das Sumpfbeet recht feucht, im Winter dagegen trockener gehalten.

Dabei ist die Wahl des Sumpfbeet-Standortes ganz wichtig: windgeschützt, nicht zu sonnig, vorzugsweise Morgensonne, da man sonst Probleme mit Austrocknung und Wasserversorgung bekommt. Legen Sie das Beet wegen des Falllaubs nicht unter einem Baum an. Eine in den Torf gegrabene Vertiefung kann einige *Utricularia* und die gesamte Mikrofauna aufnehmen. Sie können hier sehr unterschiedliche Arten pflanzen: *Sarracenia* direkt an der Wasseroberfläche entwickeln herrliche Farben und beeindruckende Größen, dazu kommen *Dionaea, Dro-sera,* wie z. B. *Drosera capensis.* Wichtig: Auch das ungehemmte Wachstum eindringender Pflanzen (Fingerkraut, Weidenröschen, Gräser, Binsen usw.) muss man rechtzeitig eindämmen, da sie sonst rasch die Karnivoren verdrängen.Wenn sie sich erst einmal ausgebreitet haben, wird ihre Beseitigung sehr mühsam. Das Wurzelwerk ist immens, von dem durch die Löcher entstehenden Schaden ganz zu schweigen. Wenn sich der Karnivorenbestand stabilisiert hat, säen sich die Pflanzen selbst aus, und es bleibt nur noch, sich an den Rand zu setzen, um den Formenreichtum des Lebens zu genießen.

Eine sehr gelungene Anlage demonstriert, wie attraktiv dieser einzigartige Lebensraum in einem Garten wirkt.

Selbst unter den Klimabedingungen von Höhenlagen (zahlreiche Frosttage, extreme und wechselnde Temperaturen), kann die Kultur bestimmter Karnivoren im Freiland-Sumpfbeet gelingen. Ohne besonderen Winterschutz entwickeln sich *Sarracenia flava, Sarracenia purpurea, Dionaea, Pinguicula* oder *Darlingtonia* ganz normal. Negative beziehungsweise zu wenige Erfahrungen liegen bei *Drosera hamiltonii,* aber auch bei *Sarracenia leucophylla vor.*

Der Standort sollte so gewählt werden, dass er wegen der Gefahr des Austrocknens vor den Winter- und Sommerwinden geschützt ist, *Darlingtonia* Schatten spendet und den anderen die benötigte Sonne gewährt. Außerdem sollten Sie durch zahlreiche Begleitpflanzen aus feuchten Lebensräumen versuchen, eine gelungene Einbindung in den Gartenraum zu erzielen.

Nach dem Einbringen von Torfmoos sollte man ein Schutzgitter anbringen, da die Vögel es mit Vorliebe als Nistmaterial nutzen. Obwohl einige Karnivoren Kälte gut vertragen, sollten Sie zur Sicherheit das Sumpfbeet im Winter durch einen Folientunnel schützen.

Im Gewächshaus

Das Gewächshaus ist der ideale Ort für die meisten Karnivoren, vor allem, wenn es in einen kalten, einen gemäßigten und einen warmen Bereich unterteilt ist. Mit seiner Anschaffung verschwinden etliche Kulturprobleme. Warmhäuser sind in unseren Klimabereichen sehr energieaufwändig, und im Winter wirkt sich der Lichtmangel nachteilig aus.

Hingegen gestattet ein mäßig temperiertes Gewächshaus mit einer winterlichen Durchschnittstemperatur von +8 °C die Kultivierung eines breiten Spektrums fleischfressender Pflanzen. Trotzdem sollte man besser auf spezielle Karnivoren der Tropen oder der Höhenlagen verzichten.

Aufgrund der schlechten Pufferkapazität eines Gewächshauses können plötzliche Temperaturunterschiede eintreten: So können mitten im Winter an einem sonnigen Tag 25 °C entstehen. Solche Schwankungen vertragen manche Pflanzen nicht. Im Sommer muss man das Gewächshaus mit einem Sonnenschutz versehen, wenn man eine Idealtemperatur aufrechterhalten will. Nichtsdestotrotz herrschen darin kleinklimatische Unterschiede: sehr sonnige Standorte, andere im Schatten, kühlere unter den Tischen. Nutzen Sie diese, um die Pflanzen je nach ihren klimatischen Vorlieben aufzustellen.

Nepenthes aus Höhenlagen und Heliamphora beispielsweise gedeihen im Sommer gut im kühlen Bereich unter den Tischen. Im Winter stellt man sie besser darauf,

denn dort haben sie mehr Licht und eine höhere Temperatur. Ein großes Pflanzgefäß ist für eine gute Entwicklung der Wurzeln wichtig, aber auch, um ein Ansteigen der Substrattemperatur zu verhindern. Um ein Gewächshaus optimal nutzen zu können, sollten Sie die Pflanzen umstellen, um den jeweils besten Standort herauszufinden.

Welche Freude, wenn man in einem Sumpfbeet die herrliche, als schwierig geltende Darlingtonia californica aufblühen sieht!

Im Wintergarten

Hier herrschen günstigere Bedingungen und bessere Lichtverhältnisse als im Haus, die nur noch vom Gewächshaus übertroffen werden.

Ein Dach aus Kunststoff mit Wabenstruktur und Wände aus Doppelglasscheiben liefern sehr viel Licht, ohne den Innenraum zu stark aufzuheizen. Die meisten Töpfe der gezogenen Pflanzen können in mit Regenwasser gefüllten Kästen oder Untersetzern stehen. Wenn Sie länger abwesend sein sollten, können Sie mit Hilfe einer in einen Vorratsbehälter getauchten Campingbus-Pumpe über einen durchlöcherten Aquarienschlauch für Wassernachschub sorgen. Eine auf Wochenrhythmus eingestellte Zeituhr regelt die Gießhäufigkeit und -menge, wobei man aber allerdings »Überschwemmungen« in den Torf-Sand-gefüllten Töpfen vermeiden sollte. So gedeihen *Sarracenia, Drosera,* ja sogar *Cephalotus follicularis* in mit Holzkohle angereichertem Substrat, *Utricularia dichotoma* und die australische *Stylidium debile* bestens. Auch manche Einjährige, wie *Byblis liniflora* und *Drosera burmannii* werden Ihnen den optimalen Standort mit üppigem Wachstum danken.

Hier der Blick in ein Gewächshaus, in dem jeder Winkel sorgfältig ausgenutzt wird.

Im Haus

Wenn man die spezifischen Bedürfnisse dieser Pflanzen berücksichtigt, ist es durchaus möglich, sie in einem Haus oder einer Wohnung zu halten. Sie können an den Fenstern stehen oder in einem besonderen Terrarium – in beiden Fällen kann man eine schöne Sammlung aufbauen. Sie sollten dabei aber aufmerksam Ihre Pflanzen beobachten und Sie bei Anzeichen von »Unwohlsein« umstellen, bis Sie den idealen Raum herausgefunden haben.

Im Unterschied zu den Zimmerpflanzen, die auf Robustheit gegenüber trockener Luft und schwachem Licht gezüchtet werden, verlangen Karnivoren viel Sonnenlicht und eine relativ hohe Luftfeuchtigkeit sowie eine eher kühle Temperatur.

Wenn Sie ihnen einen Standort an einem nach Süden gelegenen Fenster bieten können, gelingt Ihnen die Anzucht schöner Pflanzen ganz einfach. Im Sommerhalbjahr fühlen sie sich draußen wohler. Die geeignetsten Arten sind *Sarracenia, Roridula* und *Drosophyllum.* Manche *Drosera* neigen dazu, kein Sekret zu bilden. *Pinguicula* bevorzugen eher weniger Sonne. *Nepenthes* eignen sich außer im Terrarium kaum für eine Kultur im Haus, denn wegen der mangelnden Luftfeuchtigkeit bilden sie keine Kannen aus. Fehlschläge bei der Zimmerkultur resultieren meistens aus Gießfehlern, vor allem im Sommer. Deshalb sollten Sie die Töpfe in Gefäße mit hohem Rand stellen, sodass stets ein paar Zentimeter Wasser stehen bleiben können.

Diese herrliche Rotfärbung bei Dionaea muscipula 'Akai Ryu' entsteht bei sehr hellem Standort.

Aufbau eines Terrariums für fleischfressende Pflanzen

In Terrarien

Auf einem Balkon, einer Fensterbank, sogar in einer dunklen Ecke der Wohnung bietet ein Terrarium Ihren Pflanzen gute Kulturbedingungen. Beleuchtet von drei bis vier Leuchtstoffröhren, ausgerüstet mit einer kleinen Wasserpumpe und einem Miniatur-Bachlauf, -Wasserfall oder -Teich mit *Utricularia* als Blickfang wirkt es in Ihrer Wohnung ebenso dekorativ wie ein Aquarium mit Fischen.

Der Boden besteht aus einigen Zentimetern dränierendem Blähton und darüber aus etwa 15 cm Substrat ($^2/_3$ Weißtorf, $^1/_3$ Sand), in das Sie Ihre Pflanzen setzen. Kleine *Nepenthes,* amerikanische *Pinguicula,* tropische *Utricularia* und *Drosera* gedeihen hier wunderbar, und auch für *Cephalotus*-Stecklinge ist das anfangs eine ideale Umgebung.

Diese reizvolle Methode, die zugleich auch wenig Pflege benötigt, ermöglicht die Kultivierung einer vielfältigen Pflanzensammlung.

In einem Teich

Ganz selten nur wird sich ein bereits bestehender Teich eignen, vor allem, wenn Sie beschließen, *Aldrovanda* zu ziehen. *Utricularia*-Arten können sich bei mineralstoffarmem Wasser entwickeln. Ein 3 m^2 großes, 50 cm tiefes Plastikbecken kann schon ausreichen. Verteilen Sie 20 cm Torf auf dem Grund und füllen Sie mit Wasser auf.

Verwenden Sie Regenwasser, zusätzlich ein Viertel Wasser aus einem nicht verschmutzten Teich mit saurem pH-Wert (wegen der Wasser-Mikrofauna). Lassen Sie es sich absetzen, anschließend pflanzen Sie Ufer- und Wasserpflanzen wie Rohrkolben *(Typha)*, Seggen *(Carex)* oder Seerosen *(Nymphaea)*. Setzen Sie die Karnivoren zwei Monate später ein.

Leider ist der ideale Teich mit bepflanzten Ufern nicht immer vorhanden, doch es ist durchaus möglich, Wasserpflanzen in einfachen Becken zu ziehen, sobald sie mindestens 20 Liter Wasser fassen. Als Alternative kann man ausgediente, mit einer Folie ausgelegte Gefriertruhen verwenden, auf deren Grund Torf liegt und die mit Regenwasser gefüllt sind. Sie können so Karnivoren zusammen mit anderen Unterwasser- und Schwimmpflanzen kultivieren, da diese Sauerstoff produzieren, Nähr- und Mineralstoffe binden und somit die Eutrophierung – die übermäßige Nährstoffanreicherung, die die Algenverbreitung und den Tod unserer »edlen Arten« fördert – verhindern.

Empfehlenswert ist ein leichter Sonnenschutz in den heißen Sommerstunden, wie man es mit einer Schattierung durch Baumkronen erreichen kann. Zusätzlich bietet sich hier eine wichtige Quelle für organisches Material (Blattfall) und somit für das Gelingen einer *Aldrovanda*-Kultur. Für diese empfiehlt sich ein Verjüngen des Lebensraumes alle drei Jahre. Dazu sollte man zwei Becken haben, die man in wechselndem Turnus erneuert.

Aldrovanda vesiculosa

Karnivoren

FÜR EINSTEIGER

Die in diesem Teil vorgestellten Karnivoren eignen sich hervorragend für Pflanzeneinsteiger. Ihre Robustheit erlaubt es, sich mit den Grundtechniken vertraut zu machen. Nach drei Jahren kann man sich dann an empfindlichere Arten für fortgeschrittene Pflanzenliebhaber heranwagen.

Brocchinia

Brocchinia reducta

BROMELIACEAE

Eine der wenigen Einkeimblättrigen mit einer fleischfressenden Ernährungsweise aus der Familie der Bromeliaceae.

ALLGEMEINES

NATÜRLICHER LEBENSRAUM: Venezuela (hochgelegene Heideflächen und Bergland von Guayana), sandige, saure Böden und auf Felsen. Feuchtes, wechselhaftes Klima. Man findet vier weitere Arten der Gattung, von denen zwei Karnivoren sind.

BESCHREIBUNG: 30 bis 50 cm hohe, ausdauernde Rosettenpflanze. Weiße Blüten mit 5 mm Durchmesser. Ihre röhrenförmig eingerollten Blätter bilden eine zylinderartige Blattrosette, in denen die Beutetiere (meist Hautflügler) abrutschen und ertrinken. Die Pflanze verdaut ihre Beutetiere mit Hilfe von Bakterien.

KULTURBEDINGUNGEN

TEMPERATUR: Frostempfindliche Pflanze, die aber bis zu einem gewissen Maß Temperaturschwankungen verträgt: Man zieht sie am besten im Warmhaus, wo die Temperatur im Winter nicht unter 18 °C sinken sollte. Aber auch Temperaturen bis zu 10 °C werden vertragen. Zwar wachsen die Ersteren schneller, doch sind die Pflanzen aus dem im Winter kühleren Gewächshaus kräftiger und der Wildform ähnlicher.

LICHT: Heller, sogar vollsonniger Standort. Man sieht in Kultur häufig Pflanzen, deren Blattspitzen aus Lichtmangel schlaff herabhängen, anstatt eine Röhrenform anzunehmen.

GIESSEN: Substrat gerade feucht halten, die Wasser sammelnde Blattrosette sollte immer mit Wasser gefüllt sein.

LUFTFEUCHTIGKEIT: Mindestens 40 %.

SUBSTRAT: 70 % Weißtorf, 20 % Sand, 10 % Perlit.

RUHEZEIT: Immergrünes Blattwerk. Wachstum im Frühling oder im Herbst.

DÜNGEN: Besprühen mit Blattdünger ist wachstumfördernd.

SCHÄDLINGE UND KRANKHEITEN: Schild- und Wolllausbefall.

BEMERKUNG

Selten im Handel zu finden, oft nur in höheren Preislagen, doch ihre einfache Handhabung ist für Einsteiger ideal.

Venusfliegenfalle

Dionaea muscipula

DROSERACEAE

Die Venusfliegenfalle ist die bekannteste und bei Kindern die beliebteste fleischfressende Pflanze. Oft ist sie die erste, die man sich anschafft.

ALLGEMEINES

NATÜRLICHER LEBENSRAUM: Auf Nordamerika (Nord- und Süd-Carolina) beschränkt, in feuchten Savannen mit sandigem, nährstoffarmem Boden, warmen Sommern und kühlen Wintern. Eine einzige Art, einige Formen und gezüchtete Sorten.

BESCHREIBUNG: Ausdauernde, terrestrische Pflanze mit 10 bis 15 cm Durchmesser, die eine Scheinzwiebel aufweist. Die Blätter haben die Form von »Kinnladen«, der Blütenstand wird über 25 cm lang und trägt kleine weiße Blüten.

KULTURBEDINGUNGEN

TEMPERATUR: Im Sommer 20 bis 30 °C, im Winter zwischen 5 und 15 °C. Die jahreszeitlich bedingten Temperaturunterschiede verlängern das Leben der Pflanze. Im Freiland-Sumpfbeet verträgt sie problemlos bis zu −12 °C.

LICHT: Vollsonniger Standort, auch in der Ruhezeit.

GIESSEN: In der warmen Jahreszeit sehr feuchtes Substrat, ohne im Untersetzer Wasser stehen zu lassen.

LUFTFEUCHTIGKEIT: 60 bis 80 % bzw. die vorherrschende Luftfeuchtigkeit in Freilandhaltung.

SUBSTRAT: 70 % Weißtorf, 10 % Sand, 10 % Perlit, 10 % Vermiculit.

RUHEZEIT: Im Winter werden die großen Blätter hinfällig und durch kleinere ersetzt. Im Freiland völlige Vegetationsruhe.

SCHÄDLINGE UND KRANKHEITEN: Milben und Blattläuse sind das größte Problem.

BEMERKUNG

Sie sind zur puren Massenware geworden. Bewahren Sie die Wertschätzung und das Staunen über die Venusfliegenfalle wie zu Zeiten des Naturforschers Darwin.

Sonnentau

Drosera aliciae

DROSERACEAE

Dieser Sonnentau glitzert wie mit Tau überzogen und schickt seinen langen Blütenschaft gen Himmel.

ALLGEMEINES

NATÜRLICHER LEBENSRAUM: Stammt aus Südafrika (Kap-Provinz),wächst auf feuchtem Moos und Sand bei gemäßigtem Klima. Mehrere Formen sind bekannt.
BESCHREIBUNG: Kleine, terrestrische Rosettenpflanze mit 4 bis 6 cm Durchmesser. Spatelförmige, 2,5 cm lange Blätter. 40 cm hoher Blütenstand, purpurfarbene Blüten mit 2 cm Durchmesser.

KULTURBEDINGUNGEN

TEMPERATUR: Die Pflanze ist sehr anpassungsfähig. Im Winter verträgt sie Temperaturen knapp oberhalb des Gefrierpunktes, im Sommer kommt sie mit 18 °C aus. Zwischen 20 und 30 °C gedeiht sie jedoch am besten.
LICHT: Vollsonniger Standort.
GIESSEN: Siehe Kapitel »Wasser«, Seite 15 ff.
LUFTFEUCHTIGKEIT: 50 bis 80 %.
SUBSTRAT: 70 % Weißtorf, 30 % Sand.
RUHEZEIT: Wird leider nach wie vor sehr selten im Handel angeboten. Frostempfindliche Pflanze.
SCHÄDLINGE UND KRANKHEITEN: Robuste Pflanze, aber achten Sie auf Blattläuse.

BEMERKUNG

Leider sieht man in einigen Fachgeschäften kleine, apfelgrüne Drosera aliciae mit farblosen Drüsenhaaren. Sie stammen aus einer Intensiv-Kultur und leiden unter Überdüngung. Bei pflanzengerechter Kultur zeigt diese Art herrliche, kräftige Farben.

Gabelblättriger Sonnentau

Drosera binata fo. multifida 'Extrema'

DROSERACEAE

Ihr Blattaufbau ist ebenso faszinierend wie seltsam. Das Blatt unterteilt sich in zuweilen über 40 kleine »Gabeln«.

ALLGEMEINES

NATÜRLICHER LEBENSRAUM: Wächst in Australien (Südosten von Queensland) in humusarmem Sand mit etwas Torf unter subtropischen Klimabedingungen. Zusätzlich zur Art gibt es einige Sorten und Formen, deren genauere Betrachtung für eine korrekte Einordnung innerhalb der Taxonomie lohnenswert wäre.

BESCHREIBUNG: Ausdauernde, terrestrische Pflanze, deren gestielte, vielfach geteilte, sehr schmale Blätter bis zu 30 cm Länge erreichen. 40 cm hohe Blütenstände mit bis zu 40 weißen Blüten von 1,5 cm Durchmesser.

KULTURBEDINGUNGEN

TEMPERATUR: 20 bis 35 °C im Sommer, im Winter frostfrei.

LICHT: Ein sehr heller Standort während des ganzen Jahres erhält die Vitalität.

GIESSEN: Siehe Kapitel »Wasser«, Seite 17 ff.

LUFTFEUCHTIGKEIT: Toleriert etwa 50 %.

SUBSTRAT: 70 % Weißtorf, 30 % Sand.

RUHEZEIT: Pflanzen, die im Winter 10 °C Nachttemperatur haben, stellen ihr Wachstum nicht ein. Bei darunter liegenden Temperaturen gehen die Art sowie andere Sorten und Formen in Vegetationsruhe über. Zur Frosthärte liegen noch keine Erfahrungen vor.

SCHÄDLINGE UND KRANKHEITEN: Wenig empfindliche Pflanze.

BEMERKUNG

Sie ist leicht zu ziehen und unter den Drosera mit geteilten Blättern Favoritin bei Liebhabern fleischfressender Pflanzen.

Kap-Sonnentau

Drosera capensis 'Broad Leaves'

DROSERACEAE

Ideal für den Anfang ist dieser Sonnentau. Er ist schön, blüht üppig, und für Anfänger ist bei der Aussaat der Erfolg garantiert.

ALLGEMEINES

NATÜRLICHER LEBENSRAUM: Südafrika (südwestliches Kap). Die Pflanze wächst in Torfmooren in vollem Licht oder Halbschatten bei gemäßigtem und feuchtem Klima. Es gibt einige Formen oder Sorten dieser Art, deren genauere Betrachtung für eine korrekte Einordnung innerhalb der Taxonomie lohnenswert wäre.

BESCHREIBUNG: Ausdauernde terrestrische Pflanze mit aufrechter Wuchsform von 15 cm Höhe. Gestielte, lineare, bis zu 8 mm breite Blätter. 25 cm hoher Blütenstand mit zahlreichen, kräftig rosafarbenen Blüten von 3 cm Durchmesser.

KULTURBEDINGUNGEN

TEMPERATUR: Im Sommer 20 bis 35 °C, im Winter 5 bis 15 °C. Sie gedeiht bei ganzjährig warmen Temperaturen. Im Freiland-Sumpfbeet verträgt sie bis −5 / −10 °C.

LICHT: Vollsonniger Standort, indirektes Licht ist weniger ratsam.

GIESSEN: Siehe Kapitel »Wasser«, Seite 15 ff.

LUFTFEUCHTIGKEIT: 40 bis 80 %.

SUBSTRAT: 70 % Weißtorf, 30 % Sand.

RUHEZEIT: In Kultur eher selten, nur bei Freilandhaltung.

SCHÄDLINGE UND KRANKHEITEN: Eine Schwächung ist häufig auf Blattläuse zurückzuführen.

BEMERKUNG

Diese Pflanze ist nicht nur für Anfänger interessant. Man findet auf dem Markt zahlreiche attraktive Formen oder Sorten, deren Verschiedenartigkeit die Sammelleidenschaft bei Liebhabern fleischfressender Pflanzen weckt.

Löffelblättriger Sonnentau

Drosera spatulata 'Hairy Sepals'

DROSERACEAE

*Bei den Karnivoren-Liebhabern zählt die **Drosera**-Sorte 'Hairy Sepals' zu den hübschesten der spatelblättrigen **Drosera**.*

ALLGEMEINES

NATÜRLICHER LEBENSRAUM: Australien (Queensland). Sumpfige Torfböden bei gemäßigtem Höhenklima. Es gibt sehr zahlreiche Varianten von *Drosera* mit spatelförmigen Blättern, deren botanische Klassifizierung noch unklar ist.
BESCHREIBUNG: Kleine ausdauernde Rosettenpflanze mit 5 cm Durchmesser. Spatelförmige Blätter mit 5 mm Länge. Einzelner, bis 25 cm langer Blütenstand mit etwa 20 rosa oder weißen Blüten. Der Blütenstängel weist an der Basis einen Knick auf; bei der Sorte sind sowohl Stängel als auch Kelchblätter flaumig behaart.

KULTURBEDINGUNGEN

TEMPERATUR: 18 bis 30 °C im Sommer, im Winter 5 bis 15 °C.
LICHT: Heller Standort.
GIESSEN: Siehe Kapitel »Wasser«, Seite 15 ff.
LUFTFEUCHTIGKEIT: 60 bis 80 %.
SUBSTRAT: 70 % Weißtorf, 20 % Sand, 10 % Perlit.
RUHEZEIT: Winter.
SCHÄDLINGE UND KRANKHEITEN: Blattläuse, Pilze.

BEMERKUNG

Von den verschiedenen spatelblättrigen Drosera-Arten eine der interessantesten. Durch ihre leichte Pflege, ihre Langlebigkeit, ihre schönen, dauerhaften Blüten und die leicht keimenden Samen ist sie ideal für Einsteiger.

Einhornpflanze

Ibicella Luthea

PEDALIACEAE

Die einzige fleischfressende Pflanze, die Sie in normaler Erde in Ihrem Garten ziehen können. Ein besonderes Vergnügen!

ALLGEMEINES

NATÜRLICHER LEBENSRAUM: Amerika (Arizona, Mexiko, Brasilien, in Kalifornien eingebürgert) und Australien, in kargen, trockenen, sauren Böden. Halbwüstenklima. Es gibt nur eine einzige Art.

BESCHREIBUNG: Einjährige Pflanze, 50 cm hoch, mit runden, an der Basis herzförmigen Blättern. Die ganze Pflanze ist mit Drüsenhaaren bedeckt. Die Blüte ist kräftig gelb mit rot geflecktem Schlund, sie bringt dekorative Früchte hervor.

KULTURBEDINGUNGEN

TEMPERATUR: Je nachdem, ob Sie die Pflanze im Innen- oder Außenraum kultivieren, kann die Temperatur zwischen 15 und 40 °C schwanken.

LICHT: Vollsonniger Standort.

GIESSEN: Den Topf nie im Wasser stehen lassen, denn diese Pflanze ist keine Sumpfpflanze. Genauso gießen wie normale Pflanzen.

LUFTFEUCHTIGKEIT: Kann je nach Kultivierung zwischen 25 bis 70 % schwanken.

SUBSTRAT: 50 % Gartenerde, 20 % Humus, 30 % grober Sand.

RUHEZEIT: Überdauert nur eine Vegetationsperiode (einjährige Pflanze).

SCHÄDLINGE UND KRANKHEITEN: Obwohl sie sich unter anderem von Weißen Fliegen ernährt, können diese sie auch befallen und schwächen.

BEMERKUNG

Pflanzen Sie sie in den Garten oder in einen Topf mit Gartenerde. 1916 zeigte MAMELI, *wie diese Pflanze Insekten fängt und verdaut, obwohl heute diese Lehrmeinung umstritten ist.*

Kannenstrauch

Nepenthes × ventrata

NEPENTHACEAE

Diese schöne natürliche Hybride zwischen Nepenthes ventricosa und Nepenthes alata ist sicher eine der pflegeleichtesten. Ideal für den Anfang mit Kannenpflanzen.

ALLGEMEINES

NATÜRLICHER LEBENSRAUM: Philippinen, in Eichenwäldern auf moosigen Böden. Feuchtes, tropisches Höhenklima.

BESCHREIBUNG: Ausdauernde, terrestrische, bis zu 40 cm große Pflanze mit kräftigen, elliptischen Blättern. Die Kannen sind über 15 cm lang und ihre Form steht zwischen denen der beiden Elternpflanzen. Zweihäusige Pflanze (männliche und weibliche Blüten auf verschiedenen Pflanzen) wie bei allen Kannenpflanzen.

KULTURBEDINGUNGEN

TEMPERATUR: Sehr tolerant, 10 bis 18 °C im Winter, 18 bis 35 °C im Sommer.

LICHT: Stellen Sie die Pflanze so, dass sie viel Licht, aber keine direkte Sonne bekommt. Hohe Lichtintensität trägt zur Bildung der Kannen und ihrer Färbung bei.

GIESSEN: Nie Wasser im Untersetzer stehen lassen. Das Substrat nur feucht halten.

LUFTFEUCHTIGKEIT: Trotz einer Toleranz, die weit über der anderen Arten der Gattung liegt, braucht sie mindestens 70 %.

SUBSTRAT: 50 % Weißtorf, 20 % Sand, 10 % Styropor, 10 % Vermiculit.

RUHEZEIT: Keine; während der Wintermonate neigt sie lediglich zu einer verringerten Kannenbildung. Den Mai über bis zum November erscheinen sie wieder in gewohnter Menge.

SCHÄDLINGE UND KRANKHEITEN: Schildläuse (schwarzer Belag auf den Blättern).

BEMERKUNG

Seien Sie aufmerksam beim Kauf dieser Kreuzung, die häufig mit anderen Hybriden verwechselt wird.

Fettkraut

Pinguicula 'L'Hautil'

LENTIBULARIACEAE

Benannt nach einem kleinen Hügel namens »L'Hautil«, der in etwa 50 km Entfernung von Paris in der Nähe der ehemaligen Wohnstätte des Züchters liegt.

ALLGEMEINES

NATÜRLICHER LEBENSRAUM: Nicht natürlich vorkommend. Sie stammt aus gärtnerischer Züchtung und ist eine Kreuzung zwischen den beiden Sorten *Pinguicula* 'Setho' und *Pinguicula* 'Huahuapan'.

BESCHREIBUNG: Mehrjährige, rosettenförmige Pflanze, in großer und kleiner »Ausführung«. Breit eiförmige Blätter. Große, 2 bis 3 cm große Blüten in kräftigem Violett.

KULTURBEDINGUNGEN

TEMPERATUR: Im Sommer zwischen 20 und 30 °C, im Winter 5 bis 15 °C. Beobachtungen von Züchtern berichten von kurzfristiger Frosthärte.

LICHT: Keine direkte Sonne, aber das ganze Jahr über ein heller Standort.

GIESSEN: Substrat nur feucht, aber nicht nass halten. Während der Ruhezeit darf die Erde nur leicht feucht sein.

LUFTFEUCHTIGKEIT: 50 bis 80 %.

SUBSTRAT: 30 % Weißtorf, 10 % Sand, 50 % Perlit, 10 % Vermiculit.

RUHEZEIT: Winter.

SCHÄDLINGE UND KRANKHEITEN: Achten Sie im Winter auf den Befall mit einer winzigen Milbe, die die Blätter im Herzen der Rosette braun werden lässt. Sie befällt auch die anderen *Pinguicula*-Arten.

BEMERKUNG

Die Züchtung französischer Herkunft besitzt herrliche Blüten; sie ist unter der großen Fachkenntnis und den ausdauernden Bemühungen eines kompetenten Züchters und eines versierten Karnivorensammlers entstanden.

Fettkraut

Pinguicula 'Huahuapan'

LENTIBULARIACEAE

Die zahlreichen Sorten oder Formen der Art P. moranensis tragen sehr häufig den Namen des Ortes, an dem sie gezüchtet oder entdeckt wurden.

ALLGEMEINES

NATÜRLICHER LEBENSRAUM: Mexiko (beim Dorf Huahuapan de Leon), in moosigem, feuchtem Boden bei halbschattigem Standort. Subtropisches, feuchtgemäßigtes Höhenklima. Neben der Art *P. moranensis* existieren viele Formen bzw. Sorten.

BESCHREIBUNG: Ausdauernde terrestrische Rosettenpflanze mit 10 cm Durchmesser. Rosette mit länglichen, unterschiedlich geformten Blättern. Zahlreiche violett-rosa Blüten mit schmalen Blütenblättern. Die Blütezeit kann sich in Kultur über mehrere Monate erstrecken.

KULTURBEDINGUNGEN

TEMPERATUR: Im Sommer 25 bis 35 °C, im Winter um die 10 °C.

LICHT: Keine direkte Sonne, aber das ganze Jahr über ein heller Standort.

GIESSEN: In der Wachstumsperiode sollten Sie im Untersetzer 1 cm Wasser stehen lassen oder das Substrat ausreichend feucht halten. Während der Ruhezeit die Erde fast trocken halten.

LUFTFEUCHTIGKEIT: 50 bis 80 %.

SUBSTRAT: 30 % Weißtorf, 10 % Sand, 50 % Perlit, 10 % Vermiculit.

RUHEZEIT: Notwendig im Winter; nicht durch künstliche Beleuchtung und zusätzliche Wärme stören.

SCHÄDLINGE UND KRANKHEITEN: Wenig empfindlich, dennoch besteht die Gefahr eines Pilzbefalls im Spätherbst.

BEMERKUNG

Mit an die 70 Arten, sehr vielen Varietäten, Formen, Kreuzungen und Sorten ist die Gattung Pinguicula stark im Aufschwung begriffen. Die hübschen Blüten begeistern jährlich neue Hobbygärtner.

Fettkraut

Pinguicula rotundiflora

LENTIBULARIACEAE

In Sammlungen sehr beliebt wegen ihrer entzückenden blassvioletten Blüten mitten im Winter.

ALLGEMEINES

NATÜRLICHER LEBENSRAUM: Mexiko (Gegend von Oaxaca: Sierra de Tamaulipas). Wächst in bemoostem Boden. Tropisches, feuchtes Klima. Die Klimaangaben bei mexikanischen *Pinguicula* müssen mit Vorsicht genossen werden, da es sich hierbei oft um Höhenlagen zwischen 800 und über 3000 Metern mit Nachttemperaturen bis zu 0 °C handelt.

BESCHREIBUNG: Ausdauernde Rosettenpflanze mit 3 cm Durchmesser. Einzigartige Sommerblätter mit lineal lanzettlichem Blattgrund und oben abgerundeter Blattspreite sowie einer verschiedenblättrigen Rosette. Zahlreiche Blüten.

KULTURBEDINGUNGEN

TEMPERATUR: Im Sommer zwischen 25 und 35 °C, im Winter 5 bis 10 °C.

LICHT: Keine direkte Sonne, aber das ganze Jahr über ein heller Standort.

GIESSEN: Substrat nur feucht halten. Während der Ruhezeit das Substrat fast trocken halten.

LUFTFEUCHTIGKEIT: 50 bis 80 %.

SUBSTRAT: 30 % Weißtorf, 10 % Sand, 50 % Perlit, 10 % Vermiculit.

RUHEZEIT: Spätwinter.

SCHÄDLINGE UND KRANKHEITEN: Wenig empfindlich.

BEMERKUNG

Zu Beginn der 80er-Jahre wurde die Art in der Raritäten-Verkaufsliste von H. WEINER *unter dem Namen Pinguicula nova vertrieben. Diese neue Art bekam 1985 offiziell durch* M. STUNDICKA *den Namen Pinguicula rotundiflora.*

Bleiche Schlauchpflanze

Sarracenia alata 'Red Throat'

SARRACENIACEAE

In Sammlungen ist diese schöne Sorte seltener als die Art. Sie unterscheidet sich von ihr durch die Unterseite der Klappe und den dunkelroten Schlund.

ALLGEMEINES

NATÜRLICHER LEBENSRAUM: Südosten der USA (Küstenregionen von Alabama, Missouri, Lousiana, Texas). Wächst sowohl in Lehmböden als auch in sandig-lehmigen Prärieböden. Feuchtes, gemäßigtes Klima. Es existieren außerdem zwei weitere Formen oder Sorten, deren taxonomische Zugehörigkeit noch abschließend zu klären ist.
BESCHREIBUNG: Ausdauernde Rosettenpflanze, 70 cm hoch, deren schlauchförmige Blätter aus einem unterirdischem Rhizom entspringen. Die Sorte 'Red Throat' zeichnet sich durch einen besonders dunkelroten Kanneneingang aus. Die Blütenstiele sind bis zu 75 cm hoch und tragen einzelne, blassgelbe Blüten.

KULTURBEDINGUNGEN

TEMPERATUR: Im Sommer zwischen 20 und 30 °C, im Winter 5 bis 15 °C. Kannenpflanzen sind sehr robust und vertragen bei einer Kultur im Freiland-Sumpfbeet bis zu −10 °C.
LICHT: Vollsonniger Standort, sogar in der Ruhezeit.
GIESSEN: Siehe Kapitel »Wasser«, Seite 15 ff.
LUFTFEUCHTIGKEIT: 40 bis 70 %.
SUBSTRAT: 70 % Weißtorf, 20 % Sand, 10 % Perlit.
RUHEZEIT: Im Winter bildet sie sehr selten Phyllodien (abgeflachte Blattstiele, die als Blätter dienen) aus.
SCHÄDLINGE UND KRANKHEITEN: Blattläuse und Wollläuse, die man nur sehr schwer wieder los wird und die auch andere *Sarracenia* befallen.

BEMERKUNG

Diese pflegeleichte Pflanze bildet in einigen Jahren dicke Horste. Teilen Sie sie – den »Überschuss« können Sie unter Ihren Freunden verteilen, und wer weiß, vielleicht werden auch sie von dieser Leidenschaft gepackt ...

Fensterfalle, Krugpflanze

Sarracenia × excellens

SARRACENIACEAE

Diese natürliche Hybride ist wohl eine der schönsten. Sie kann es ohne weiteres mit den neuesten gärtnerischen Züchtungen dieser Gattung aufnehmen.

ALLGEMEINES

NATÜRLICHER LEBENSRAUM: Nordamerika (Georgia, Florida). Wächst in sumpfigen Bereichen in feuchtgemäßigtem Klima. Sie stammt aus einer Kreuzung zwischen *Sarracenia leucophylla* mit *Sarracenia minor*.

BESCHREIBUNG: Ausdauernde terrestrische Pflanze von 80 cm Höhe, die ein Rhizom besitzt. Kannenförmige Blätter. Orangefarbene Einzelblüte.

KULTURBEDINGUNGEN

TEMPERATUR: Im Sommer 20 bis 30 °C, Überwinterungstemperatur in Innenräumen bis zu 15 °C. Im Freiland-Sumpfbeet verträgt sie problemlos bis −10 °C.

LICHT: Vollsonniger Standort.

GIESSEN: Siehe Kapitel »Wasser«, Seite 15 ff.

LUFTFEUCHTIGKEIT: 40 bis 70 %.

SUBSTRAT: 70 % Weißtorf, 20 % Sand, 10 % Perlit.

RUHEZEIT: Winter.

SCHÄDLINGE UND KRANKHEITEN: Blattläuse, Schild- und Wollläuse, Grauschimmel *(Botrytis)*, Stängelfäule *(Phytophthora)*.

BEMERKUNG

Wenn Sie selbst diesen Kreuzungsversuch unternehmen wollen, üben Sie sich in Geduld. Es dauert sieben bis zehn Jahre, bis die ausgesäte Nachkommenschaft die endgültige Größe erreicht hat. Wenn es dann endlich soweit ist, genießen Sie die Früchte Ihrer Pflege, die Sie ihr die ganze Zeit über haben angedeihen lassen.

Gewöhliche gelbe Schlauchpflanze

Sarracenia flava var. rugelii

SARRACENIACEAE

Diese Varietät von Sarracenia flava weist einen großen roten Fleck unter dem Deckel auf und hat im Frühling große Blüten.

ALLGEMEINES

NATÜRLICHER LEBENSRAUM: Nordamerika (Nord-Florida und Süd-Georgia), in Sümpfen oder feuchten Prärien mit Sand- und zuweilen Torfboden. Feuchtgemäßigtes Klima. Nach Dr. E. Schnell, dem bedeutenden amerikanischen Spezialisten, existieren von *Sarracenia flava* sieben Varietäten.
BESCHREIBUNG: Ausdauernde terrestrische Pflanze, 1 m hoch, besitzt ein Rhizom. Schlauchförmige Blattrosette. Gelbe Einzelblüte.

KULTURBEDINGUNGEN

TEMPERATUR: Im Sommer 20 bis 30 °C, im Winter 5 bis 10 °C. Im Freiland-Sumpfbeet verträgt sie problemlos bis −12 °C.
LICHT: Vollsonniger oder halbschattiger Standort.
GIESSEN: Siehe Kapitel »Wasser«, Seite 15 ff.
LUFTFEUCHTIGKEIT: 40 bis 70 %.
SUBSTRAT: 70 % Weißtorf, 20 % Sand, 10 % Perlit.
RUHEZEIT: Im Winter Ausbildung von Phyllodien (abgeflachte Blattstiele, die die Funktion von Blättern übernehmen).
SCHÄDLINGE UND KRANKHEITEN: Blatt-, Schild- und Wollläuse. Achten Sie auf Pilzbefall im Winter *(Botrytis)* und im Sommer *(Phytophthora)*.

BEMERKUNG

Im Gewächshaus eines französischen Hobbygärtners existiert ein beeindruckendes Exemplar, bei dem man die Hand zu drei Vierteln in die Kannenöffnung stecken kann!

Bauchige braunrote Schlauchpflanze

Sarracenia purpurea subsp. venosa

SARRACENIACEAE

Die Rote Schlauchpflanze wurde im 17. Jahrhundert in England eingeführt. Damit gelangte zum ersten Mal eine Pflanze der Gattung Sarracenia in die Alte Welt.

ALLGEMEINES

NATÜRLICHER LEBENSRAUM: Nordamerika (Georgia, Alabama, Florida). Wächst in Sumpfgebieten bei feuchtgemäßigtem Klima. Eine Form und mehrere Sorten wurden beschrieben.
BESCHREIBUNG: Ausdauernde, terrestrische Pflanze, 45 cm hoch, besitzt ein Rhizom. Hornförmige Blätter. Rote Einzelblüte.

KULTURBEDINGUNGEN

TEMPERATUR: Im Sommer zwischen 15 und 30 °C, Überwinterungstemperatur in Innenräumen 15 °C. Im Freiland-Sumpfbeet verträgt sie problemlos bis zu −12 °C.
LICHT: Vollsonniger Standort.
GIESSEN: Siehe Kapitel »Wasser«, Seite 15 ff.
LUFTFEUCHTIGKEIT: 40 bis 70 %.
SUBSTRAT: 70 % Weißtorf, 20 % Sand, 10 % Perlit.
RUHEZEIT: Im Winter, wobei die Pflanze einen Teil ihrer Blätter behält.
SCHÄDLINGE UND KRANKHEITEN: Wie die anderen *Sarracenia*.

BEMERKUNG

Diese Unterart ist pflegeleicht und kann auch gut im Freiland-Sumpfbeet stehen. Dort liefert sie jedes Jahr eine große Zahl Blüten für Sträuße. Leider verströmt sie den strengen Geruch von Katzenurin.

Fensterfalle, Krugpflanze

Sarracenia × swaniana

SARRACENIACEAE

Ergebnis der Kreuzung zwischen Sarracenia minor und Sarracenia purpurea: Ihre Farbe variiert stark, je nachdem, welche Merkmale der Elternpflanzen ausgeprägter sind.

ALLGEMEINES

NATÜRLICHER LEBENSRAUM: Nordamerika (Nord- und Süd-Carolina, Georgia, Florida). Sumpfige Savannen. Feucht-gemäßigtes Klima.

BESCHREIBUNG: Ausdauernde terrestrische Pflanze mit 50 cm Höhe, die ein Rhizom besitzt. Aufrecht stehende, schlauchartige bis kannenförmige, leicht einwärts zeigende Blätter. Granatrote Einzelblüte.

KULTURBEDINGUNGEN

TEMPERATUR: 20 bis 30 °C im Sommer, Überwinterungstemperatur in Innenräumen 15 °C. Im Freiland-Sumpfbeet übersteht sie problemlos bis −12 °C.
LICHT: Vollsonniger Standort.
GIESSEN: Siehe Kapitel »Wasser«, Seite 15 ff.
LUFTFEUCHTIGKEIT: 40 bis 70 %.
SUBSTRAT: 70 % Weißtorf, 20 % Sand, 10 % Perlit.
RUHEZEIT: Winter.
SCHÄDLINGE UND KRANKHEITEN: Blatt-, und Schild- und Wollläuse, Grauschimmel *(Botrytis),* Stängelfäule *(Phytophthora).*

BEMERKUNG

Sie sollte in allen Sammlungen vertreten sein, da sie einzigartig und leicht zu ziehen ist. Innerhalb der verschiedenen Züchtungen gibt es unterschiedlich attraktive Exemplare; beachten Sie das beim Kauf. Die Züchtung weist je nach Dominanz der Elternpflanzen entweder die starke Rotfärbung von S. Purpurea oder die gut sichtbaren weißen Ozellen (Augenflecken) von S. Minor auf.

Wasserschlauch

Utricularia gibba

LENTIBULARIACEAE

Unter den Wasser-Karnivoren, die schwierig zu ziehen sind, gelingt dem Anfänger nur die Kultivierung dieser Art. Zur Belohnung erhält man sehr hübsche gelbe Blüten.

ALLGEMEINES

NATÜRLICHER LEBENSRAUM: In Gräben, Seen, Sümpfen, nährstoffarmen bis mesotrophen Gewässern. Gemäßigtes und tropisches Klima.
BESCHREIBUNG: Mehrjährige Schwimmpflanze mit bis zu 20 cm langem Sproßteil. Die Blätter sind etwa 1,5 cm lang, die Fangblasen bis zu 2,5 mm groß. Im Gartenteich wirken die Pflanzen mit den aus dem Wasser ragenden Blütenstängeln wunderhübsch.

KULTURBEDINGUNGEN

TEMPERATUR: Wasser 20 bis 25 °C im Sommer, im Winter 10 bis 20 °C (bei Aquarienhaltung). Die Pflanze ist anpassungsfähig, kann draußen in einer Teichanlage gezogen werden und verträgt mindestens bis −10 °C.
GIESSEN: Siehe Kapitel »Die Zubereitung des Wassers für Wasserpflanzen«, Seite 17.
LUFTFEUCHTIGKEIT: Keine Bedeutung.
SUBSTRAT: Aquarien- oder Beckengrund aus Weißtorf.
RUHEZEIT: Abhängig von herrschenden Temperaturen und Lichtverhältnissen, geht die Pflanze mehr oder weniger in Ruhestellung.
SCHADLINGE UND KRANKHEITEN: Blattläuse an den Blütenstängeln; achten Sie auch auf Fraßschäden durch Wasserschnecken.

BEMERKUNG

Geeignete Art der Unterwasser-Karnivoren für den Einsteiger.

Wasserschlauch

Utricularia livida 'Durban'

LENTIBULARIACEAE

Blüten, die man aus nächster Nähe betrachten muss, um ihre Zartheit wirklich schätzen zu können.

ALLGEMEINES

NATÜRLICHER LEBENSRAUM: Tropisches Südafrika (bei Durban), Madagaskar und Mexiko. Auf Feuchtwiesen, an Ufern von Wasserläufen und auf sickerfeuchten Felsstandorten. Feuchtes Tropenklima. Eine Art in großer Formenvielfalt. Wegen der Variationsbreite der Blüten bei der Art gab es zwischen 1847 und 1955 etwa 30 Artnamen. Heute sind sie nur noch Synonyme.
BESCHREIBUNG: Kleine, Ausläufer bildende, ausdauernde Polsterpflanze. Etwa 2 cm große, spatelförmige oder rundliche Blätter, 1 mm große Fangblasen. Bis zu 6 cm langer Blütenstand mit zahlreichen, 10 bis 15 mm großen, weiß bis blassvioletten Blüten. Bei der Sorte sind sie größer, weniger zahlreich als bei der Art und violett ohne gelben Fleck.

KULTURBEDINGUNGEN

TEMPERATUR: Im Sommer 25 bis 35 °C, winters 5 bis 15 °C.
LICHT: Sie braucht einen hellen Standort, sogar direkte Sonne für eine üppige Blütenbildung.
GIESSEN: Siehe Kapitel »Wasser«, Seite 15 ff.
LUFTFEUCHTIGKEIT: 50 bis 80 %.
SUBSTRAT: 70 % Weißtorf, 20 % Sand, 10 % Perlit.
RUHEZEIT: Reduzierte Blütenbildung im Winter oder im Spätwinter.
SCHÄDLINGE UND KRANKHEITEN: Selten; achten Sie auf Echten Mehltau und Blattläuse an den Blütenstängeln.

BEMERKUNG

Man könnte die Blüten der Wasserschlauch-Gewächse mit zahlreichen Adjektiven versehen: entzückend, graziös, zart ... Leider finden sie oft nicht die gebührende Anerkennung, da man sich für eine eingehende Betrachtung zu ihnen hinab beugen oder hinlegen müsste, um aus der Nähe die Schönheit dieser Blüten entdecken zu können!

Wasserschlauch

Utricularia sandersonii

LENTIBULARIACEAE

Diese bei Karnivoren-Liebhabern geschätzte Wasserschlauch-Art ist besonders empfehlenswert für weniger erfahrene Freunde der Karnivorenkultur.

ALLGEMEINES

NATÜRLICHER LEBENSRAUM: Südafrika, auf moosbewachsenen Felsen. Tropisches bis subtropisches Klima, feucht bis feucht-gemäßigt. Es gibt eine Form.
BESCHREIBUNG: Kleiner, Ausläufer bildender, ausdauernder Lithophyt (auf Felsen wachsende Pflanze). 5 mm große, spatelförmige Blätter; 1,5 mm große Fangblasen. 2 bis 6 cm hohe Blütenstände mit blassviolettem, üppigem Blütenflor.

KULTURBEDINGUNGEN

TEMPERATUR: Im Sommer 25 bis 35 °C, im Winter zwischen 5 und 20 °C. Große Anpassungsfähigkeit.
LICHT: Heller Standort, jedoch auch bei künstlicher Beleuchtung Blütenbildung möglich.
GIESSEN: Siehe Kapitel »Wasser«, Seite 15 ff.
LUFTFEUCHTIGKEIT: 50 bis 80 %.
SUBSTRAT: 70 % Weißtorf, 20 % Sand, 10 % Vermiculit.
RUHEZEIT: Keine Blütenbildung im Winter oder Spätwinter.
SCHÄDLINGE UND KRANKHEITEN: Kaum empfindlich; achten Sie auf Blattläuse.

BEMERKUNG

Obwohl sie nur ein kleines natürliches Verbreitungsgebiet besitzt, gedeiht und blüht sie doch leicht in Kultur. Empfohlen wird diese Art auch vom Spezialisten für diese Gattung, PETER TAYLOR. *Er hat bereits ein umfassendes Werk zur Gattung Utricularia geschrieben – ein »Muss« für alle, die sich für Karnivoren begeistern.*

Karnivoren

FÜR FORTGESCHRITTENE

Die in diesem Teil vorgestellten Karnivoren sind dem fortgeschrittenen Karnivoren-Liebhaber vorbehalten. Er wird sich am Kulturerfolg dieser zwar schwierig zu ziehenden, aber umso kulturwürdigeren Pflanzen erfreuen können, die durch ihre Schönheit und Formenvielfalt faszinieren.

Leinblütige Regenbogenpflanze

Byblis liniflora

BYBLIDACEAE

Diese Pflanze wurde zwischen 1839 und 1920 nacheinander drei verschiedenen Familien zugerechnet: Pittosporaceae, Lentibulariaceae, Byblidaceae. Letzterer wird sie heute zugeordnet.

ALLGEMEINES

NATÜRLICHER LEBENSRAUM: Australien (Nord- und West-Australien, Queensland), Neuguinea. Wächst in den trockeneren Randzonen feuchter Lebensräume. Feuchtes Tropenklima. Es gibt vier andere Arten, von denen drei kürzlich beschrieben wurden.

BESCHREIBUNG: Einjährige, terrestrische Pflanze, 15 cm hoch. Lineal lanzettliche, 8 cm lange Blätter mit ausgeprägter Drüsenbehaarung. Rosa-violette Blüten, die gleichzeitig aufblühen können.

KULTURBEDINGUNGEN

TEMPERATUR: 20 bis 30 °C während der Wachstumsperiode (Frühling, Sommer).

LICHT: Heller Standort.

GIESSEN: Das Substrat feucht halten, dabei kein Wasser im Untersetzer stehen lassen.

LUFTFEUCHTIGKEIT: 70 bis 80 %.

SUBSTRAT: 50 % Weißtorf, 50 % Sand.

RUHEZEIT: Die Pflanze ist einjährig, lebt also nur ein paar Monate und stirbt im Winter ab.

SCHÄDLINGE UND KRANKHEITEN: Achten Sie auf Blattläuse.

BEMERKUNG

Sie muss jährlich im Spätfrühling neu gesät werden, da dann gute Keimbedingungen herrschen. Die reifen Samen kann man vom Sommer bis in den Herbst hinein ernten. Umstritten ist, ob diese Pflanze eine ausschließlich karnivore Lebensweise besitzt.

Pudrige Riementillandsie

Catopsis berteroniana
BROMELIACEAE

Wie Tillandsia, die »Luftnelke«, lebt diese Pflanze epiphytisch. Das ist aber auch die einzige Gemeinsamkeit, denn Catopsis berteroniana hat eine karnivore Lebensweise entwickelt.

ALLGEMEINES

NATÜRLICHER LEBENSRAUM: Nord- und Südamerika (Florida bis Kolumbien, Venezuela, Brasilien, Karibik). Wächst zusammen mit anderen Bromeliengewächsen auf Bäumen. Feuchtes Tropenklima. Von den 21 existierenden Arten ist dies die einzige fleischfressende Pflanze.
BESCHREIBUNG: Ausdauernde, epiphytisch lebende, über 40 cm hohe Pflanze. Regenrinnenförmige, lang zugespitzte Blätter. 2 cm große, weiße Blüten, die von einem bis zu 1 m hohen Blütenschaft getragen werden.

KULTURBEDINGUNGEN

TEMPERATUR: Im Sommer 20 bis zu 35 °C, im Winter 15 bis 20 °C.
LICHT: Sehr heller Standort. Das gesamte Laub muss aufgerichtet sein. Wie bei *Brocchinia* sieht man in Kultur oft Pflanzen, deren Blattenden wegen Lichtmangels herunterhängen.
GIESSEN: Regelmäßiges Übersprühen der Blätter einmal wöchentlich, um eine Luftfeuchtigkeit um die 90 % zu erreichen.
LUFTFEUCHTIGKEIT: 80 bis 90 %.
SUBSTRAT: Keines. Kleben Sie den Wurzelhals der Pflanzen mit Heißkleber auf ein Stück Kork.
RUHEZEIT: Keine ausgeprägte Ruhezeit.
SCHÄDLINGE UND KRANKHEITEN: Achten Sie auf Schild- und Wollläuse.

BEMERKUNG

Wenn Sie Erfahrung mit der Tillandsienkultur haben, werden Sie keine Probleme mit dieser Pflanze haben, denn die Kulturweisen ähneln sich stark. Achten Sie auf ausreichende Mengen an Luftfeuchtigkeit und Licht.

Drüsenköpfchen

Cephalotus follicularis

CEPHALOTACEAE

Eine der attraktivsten und begehrtesten Karnivoren. Ihre Kultur ist allerdings fortgeschrittenen Liebhabern vorbehalten.

ALLGEMEINES

NATÜRLICHER LEBENSRAUM: Süd-Australien (von Augusta bis nordöstlich von Albany) auf von oberflächennahem Wasser durchströmten Torfmooren. Mildes Klima wie im ozeanisch beeinflussten Mittelmeerraum. Eine einzige Art.
BESCHREIBUNG: Ausdauernde, terrestrische Pflanze, die 60 cm Durchmesser erreichen kann. Sie bildet zweierlei Blattformen aus: einerseits einfache, lanzettliche Blätter, andererseits kannenförmige Fallen. Der 60 cm hohe Blütenstand trägt kleine weiße Blüten ohne Kronblätter.

KULTURBEDINGUNGEN

TEMPERATUR: Im Sommer 20 bis 35 °C, Überwinterungstemperatur zwischen 5 und 15 °C.
LICHT: Wächst in schattigen wie auch sonnigen Lagen; vermeiden Sie direkte Sonneneinstrahlung.
GIESSEN: Siehe Kapitel »Wasser«, Seite 15 ff.
LUFTFEUCHTIGKEIT: Mindestens 60%.
SUBSTRAT: 50% Weißtorf, 10% Sand, 30% Perlit, 10% Vermiculit.
RUHEZEIT: Winter.
SCHÄDLINGE UND KRANKHEITEN: Blattläuse und Echter Mehltau sind am häufigsten.

BEMERKUNG

In Kultur eine »launische« Pflanze: Sie kann lange Jahre üppig wachsen oder hartnäckig vor sich hin vegetieren und dann schnell eingehen. Mehr noch als bei allen anderen scheint für sie ein großes Topfvolumen (60 × 60 cm) wichtig zu sein.

Sonnentau

Drosera adelae

DROSERACEAE

Es gibt wenige Sonnentau-Arten mit roten Blüten. Diese Pflanze wird sie Ihnen in Hülle und Fülle liefern, wenn Sie ihr die Bedingungen ihres Herkunftsgebietes gewähren.

ALLGEMEINES

NATÜRLICHER LEBENSRAUM: Australien (Queensland; auf 100 km südöstlich von Cairns beschränkt). Wächst in Gebirgszonen mit hohen Niederschlägen. Feuchtes Tropenklima. Es gibt eine Form.
BESCHREIBUNG: Terrestrische, ausdauernde Pflanze mit 25 cm Höhe. Lanzettliche, lang zugespitzte, 10 bis 25 cm lange und 1 cm breite Blätter. 35 cm hoher Blütenstand mit zahlreichen roten Blüten.

KULTURBEDINGUNGEN

TEMPERATUR: Im Sommer 20 bis 30 °C, Überwinterungstemperatur um die 20 °C.
LICHT: Indirektes Licht.
GIESSEN: Siehe Kapitel »Wasser«, Seite 15 ff.
LUFTFEUCHTIGKEIT: 80 bis 90 % für ein ideales Wachstum.
SUBSTRAT: 50 % Weißtorf, 20 % Sand, 30 % Perlit.
RUHEZEIT: Winter.
SCHÄDLINGE UND KRANKHEITEN: Achten Sie auf Blattläuse.

BEMERKUNG

Zuverlässige Prognosen zu kräftigem und gesundem Pflanzenwachstum, üppigem oder spärlichem Blütenflor während der Vegetationsperiode sind schwierig zu treffen. Solange die Pflanze ausreichend Luftfeuchtigkeit und Wärme erhält, wird sie Ihnen jedoch erhalten bleiben.

Burmanns Sonnentau

Drosera burmannii

DROSERACEAE

Die randständigen Drüsenhaare werden Sie zum Staunen bringen: Ihre raschen Bewegungen zum Fang der Beute sind gut erkennbar.

ALLGEMEINES

NATÜRLICHER LEBENSRAUM: Australien, Indien, China, Japan, Südostasien. Die Pflanze kann auf unterschiedlichen Böden gedeihen: Sand-, Torf-, Sandstein- oder Lehmboden. Tropenklima. Einige Formen vorhanden.
BESCHREIBUNG: Einjährige terrestrische Rosettenpflanze mit 2 bis 4 cm Durchmesser. Breit eiförmige bis spatelförmige Blätter. Zahlreiche weiße Blüten mit 0,8 cm Durchmesser.

KULTURBEDINGUNGEN

TEMPERATUR: In der Vegetationsperiode (Frühling, Sommer) zwischen 20 und 35 °C.
LICHT: Sehr heller Standort.
GIESSEN: Siehe Kapitel »Wasser«, Seite 15 ff.
LUFTFEUCHTIGKEIT: 70 bis 80 %.
SUBSTRAT: 70 % Weißtorf, 10 % Sand, 10 % Perlit, 10 % Vermiculit.
RUHEZEIT: Einjährige Pflanze, die nur ein paar Monate gedeiht und im Winter abstirbt.
SCHÄDLINGE UND KRANKHEITEN: Blattläuse und Grauschimmel (*Botrytis*), der die Pflanze innerhalb kürzester Zeit zerstört.

BEMERKUNG

Diese einjährigen Pflanzen vermehren sich in Hülle und Fülle, doch die Anpassung an herrschende Kulturbedingungen ist schwierig. Man benötigt eine Portion Durchhaltevermögen und Geduld, damit die Pflanzen einen kompletten Lebenszyklus mit Blüte und Samenreife durchlaufen. Münden die Versuche dann endlich in Erfolg, kann man sich an immer neuen Generationen aus selbst gewonnenem Saatgut erfreuen.

Sonnentau

Drosera menziesii subsp. menziesii

DROSERACEAE

Die bekannteste aus der Gruppe der Knollen-Drosera, deren Besonderheit die Ausbildung kleiner Knollen in verschiedenen Farben und Größen ist.

ALLGEMEINES

NATÜRLICHER LEBENSRAUM: Australien (ungefähr südwestlich einer Linie zwischen Eneabba und dem Mount Ragged). Wächst in Sumpfnähe, auf Lehm-, Sand- und Torfböden. Subtropisches oder mediterranes Klima. Es gibt drei Unterarten.
BESCHREIBUNG: Ausdauernde, terrestrische Pflanze mit roter Knolle, die ihre aufrechten, »zickzackförmig« wachsenden Triebe bis in 25 cm Höhe emporstreckt. Rundliche Blätter mit 3,5 mm Durchmesser. Hübsche dunkelrosa Blüten.

KULTURBEDINGUNGEN

TEMPERATUR: Im Sommer 20 bis zu 40 °C, Überwinterungstemperatur zwischen 5 und 15 °C.
LICHT: Intensives Licht, sogar vollsonniger Standort.
GIESSEN: Während der Vegetationsperiode (Dezember bis Mai / Juni) feucht halten. Von Juni / Juli bis November Vegetationsruhe. Sparsam gießen, sodass der Boden etwas gekühlt wird und das Austrocknen der Knolle vermieden wird.
LUFTFEUCHTIGKEIT: 40 bis 70 %.
SUBSTRAT: 20 % Weißtorf, 80 % Sand.
RUHEZEIT: Spätfrühling, Sommer, Frühherbst.
SCHÄDLINGE UND KRANKHEITEN: Blattläuse.

BEMERKUNG

Wenn Sie die Kultur von Knollen-Drosera reizt, beginnen Sie am besten mit dieser Pflanze. Aufgrund ihrer Robustheit ist sie auch dann wüchsig und blühwillig, wenn Ihnen noch das Fingerspitzengefühl für diese Karnivoren fehlt. Sie ebnet Ihnen den Weg für die Kultivierung der anderen Arten dieser Gruppe, die zu einer der schönsten zählt.

Schuppiger Sonnentau

Drosera paleacea subsp. stelliflora

DROSERACEAE

Kleines Schmuckstück mit weißen Blüten, das als »Miniaturpflanze« bezeichnet werden kann. Ihre Blattrosetten haben weniger als 3 cm Durchmesser.

ALLGEMEINES

NATÜRLICHER LEBENSRAUM: Australien (nur in der Gegend zwischen Busselton und Augusta). Mediterranes Klima.
BESCHREIBUNG: Kleine, ausdauernde Rosettenpflanze mit 2,5 cm großer Blattrosette. Kleine, nur 2,5 mm lange und 1,3 mm breite Blätter. 4 cm hohe Blütenstände, die zur Blütezeit im Herbst / Winter je über 40 kleine Blüten mit 4 bis 6 mm Durchmesser tragen.

KULTURBEDINGUNGEN

TEMPERATUR: Im Sommer zwischen 20 und 40 °C, Überwinterungstemperatur 5 bis 15 °C.
LICHT: Heller, sogar vollsonniger Standort.
GIESSEN: In der Wachstumsperiode (Dezember bis Mai / Juni) feucht halten, die übrige Zeit darf nur sparsam gegossen werden, sodass die Pflanze nicht welkt.
LUFTFEUCHTIGKEIT: 40 bis 70 %.
SUBSTRAT: 40 % Weißtorf, 40 % Sand, 10 % Perlit, 10 % Vermiculit.
RUHEZEIT: Im Sommer bei hohen Temperaturen mit mindestens 30 °C; die Pflanze lebt in Kultur nur einige Monate und stirbt meist im Spätherbst nach der Ausbildung von blattachselständigen, zwiebelähnlichen Überdauerungsorganen (Form der vegetativen Vermehrung dieser Gruppe von Zwerg-Sonnentau) ab.
SCHÄDLINGE UND KRANKHEITEN: Blattläuse, Grauschimmel *(Botrytis)* während der Ausbildung der Überdauerungsorgane.

BEMERKUNG

Wir verdanken die aktuellste Beschreibung dieser Drosera den bedeutenden Botanikern J. SCHLAUER, S. CARLQUIST *und* A. LOWRIE. *Letzterer ist bei Liebhabern fleischfressender Pflanzen für seine ausgezeichnete Trilogie über die australische Karni-voren-Flora »Carnivorous Plants of Australia« (siehe Anhang Seite 95) sehr bekannt.*

Reusenfalle

Genlisea hispidula

LENTIBULARIACEAE

Diese Gattung ist kaum im Handel erhältlich und schwierig zu ziehen, und so findet man sie bei Sammlern fleischfressender Pflanzen nur selten.

ALLGEMEINES

NATÜRLICHER LEBENSRAUM: Tropisches West- und Südafrika. Im Sumpf, auf feuchtem Boden oder in tieferem Gewässer. Tropenklima. Möglicherweise eine Unterart.

BESCHREIBUNG: Kleine, ausdauernde Rosettenpflanze mit halb-aquatischer Lebensweise und 8 cm großer Blattrosette. Spatelförmige, 2 bis 4 cm lange Blätter. Ihre durchscheinenden, gabelförmigen Reusenfallen sind bei den Karnivoren einzigartig. 3 bis 10 kleine, malvenfarbene Blüten auf einem 10 bis 25 cm langen Blütenstand.

KULTURBEDINGUNGEN

TEMPERATUR: Im Sommer 20 bis 30 °C, Überwinterungstemperaturen um die 20 °C.

LICHT: Heller Standort.

GIESSEN: Hier empfiehlt sich ein Übertopf, der höher ist als der Topf selbst. In der Wachstumsperiode (Frühling / Sommer) sollten Sie den Wasserspiegel gerade unterhalb der Oberkante des Topfes halten. Das restliche Jahr über lassen Sie den Übertopf bis zu einem Viertel der Topfhöhe gefüllt.

LUFTFEUCHTIGKEIT: 80 bis 90 %.

SUBSTRAT: 10 % Weißtorf, 90 % grober Sand.

RUHEZEIT: Winter.

SCHÄDLINGE UND KRANKHEITEN: Achten Sie auf Blattläuse an den Blütenstängeln.

BEMERKUNG

Innerhalb der Gattung eine der robusteren, unkomplizierteren Arten. Diese unscheinbar aussehenden Pflanzen sollten in den Sammlungen einen wichtigeren Platz einnehmen, denn ohne eine Art dieser Gattung wirken sie unvollständig.

Nickender Sonnenkrug

Heliamphora nutans

SARRACENIACEAE

Diese Art, die aus den venezolanischen Tafelbergen stammt, ist wohl die am häufigsten kultivierte ihrer Gattung. Sie wurde 1838 entdeckt.

ALLGEMEINES

NATÜRLICHER LEBENSRAUM: Venezuela, auf den Hochebenen der Tepuis. Auf stark verwitterten Sandsteinböden und in Felsspalten mit geringer Humusauflage. Tropisches, stark wechselndes Klima mit großen Temperaturunterschieden. Eine bekannte Form.

BESCHREIBUNG: Terrestrische Pflanze, 30 cm hoch. Trompetenförmige Blätter mit einem kleinen Deckel. Stabile, überhängende Blütenstängel mit weißen Blüten.

KULTURBEDINGUNGEN

TEMPERATUR: Ganzjährige Tagestemperaturen zwischen 20 und 25 °C, nachts Absenkung auf unter 15 °C.

LICHT: Sehr heller Standort.

GIESSEN: Stellen Sie den Topf in einen höheren Übertopf. Während der Wachstumsperiode (Frühling / Sommer) halten Sie den Wasserstand stets gerade unterhalb der Oberkante des Topfes. Die restliche Zeit über lassen Sie ihn sich auf halber Topfhöhe einpendeln.

LUFTFEUCHTIGKEIT: Mindestens 60 %.

SUBSTRAT: 50 % Weißtorf, 10 % Sand, 30 % Perlit, 10 % Vermiculit.

RUHEZEIT: Winter- und Sommermitte; im Winter nur dann, wenn die Temperatur auf 10 bis 15 °C abgesenkt wird.

SCHÄDLINGE UND KRANKHEITEN: Blatt-, Schild- und Wollläuse sowie Pilze.

BEMERKUNG

Der Anblick einer Heliamphora lässt einen an Sir Arthur Conan Doyle denken. Sein Roman »Die vergessene Welt« spielt im venezolanischen Hochland, wo diese Pflanzen wachsen. Sie sollten dieses Buch lesen, falls Sie es nicht schon getan haben! Und denken Sie daran, dabei eines dieser Gewächse neben sich zu stellen – die Reise ist garantiert …

Savannen-Sumpfkrug

Heliamphora tatei

SARRACENIACEAE

Diese Art beeindruckt durch ihre Größe der Sprossachsen, die mehrere Meter hoch werden können und die Kannen tragen.

ALLGEMEINES

NATÜRLICHER LEBENSRAUM: Venezuela, auf den Hochebenen der Tepuis auf stark verwitterten Sandsteinböden, in Felsspalten mit geringer Humusauflage. Tropisches, stark wechselndes Klima mit großen Temperaturunterschieden. Zwei Varietäten sind beschrieben worden, deren taxonomische Zugehörigkeit noch zu prüfen ist.
BESCHREIBUNG: Terrestrische Pflanze, bis zu 5 m hoch. Trompetenförmige Blätter mit einem kleinen Deckel. Stabile Blütenstängel mit weißen oder roten Blüten.

KULTURBEDINGUNGEN

TEMPERATUR: Ganzjährige Tagestemperaturen zwischen 20 und 25 °C, nachts Absenkung auf unter 15 °C.
LICHT: Sehr heller Standort.
GIESSEN: Stellen Sie den Topf in einen höheren Übertopf. Während der Wachstumsperiode (Frühling / Sommer) halten Sie den Wasserstand stets gerade unterhalb der Oberkante des Topfes. Die restliche Zeit über lassen Sie ihn sich auf halber Topfhöhe einpendeln.
LUFTFEUCHTIGKEIT: Mindestens 60 %.
SUBSTRAT: Ausschließlich frisches Torfmoos *(Sphagnum)*.
RUHEZEIT: Winter- und Sommermitte; im Winter nur dann, wenn die Temperatur auf 10 bis 15 °C abgesenkt wird.
SCHÄDLINGE UND KRANKHEITEN: Blatt-, Schild- und Wollläuse sowie Pilzerkrankungen.

BEMERKUNG

Wie die anderen Pflanzen dieser Gattung schätzt sie Temperaturunterschiede im Tages- und Nachtrhythmus. Vermeiden Sie dabei möglichst zu starke Schwankungen zwischen warmen Tagen und kühlen Nächten.

Kannenstrauch

Nepenthes gymnamphora

NEPENTHACEAE

Diese Kannenpflanze tritt mit einigen Varianten auf, da sie auf zwei Inseln wächst. Alle sind gleichermaßen kulturwürdig, da sie sehr elegant wirken.

ALLGEMEINES

NATÜRLICHER LEBENSRAUM: Borneo, Sumatra und Java. Wälder, auf moosbewachsenem Waldboden. Feuchtes, tropisches Höhenklima. Mehrere Formen sind bekannt.
BESCHREIBUNG: Mehrjährige, 15 bis 40 m hohe, terrestrische Kletterpflanze mit lanzettlichen Blättern; die unteren Kannen sind 12 cm lang und knollenförmig, die oberen sind 18 cm lang und zylindrischer. Der Blütenstand wird über 30 cm lang.

KULTURBEDINGUNGEN

TEMPERATUR: Ganzjährige Tagestemperaturen um die 25 °C, nachts Absenkung auf unter 15 °C.
LICHT: Heller Standort, aber keine direkte Sonne.
GIESSEN: Den Boden das ganze Jahr über feucht halten, aber kein Wasser im Untersetzer stehen lassen.
LUFTFEUCHTIGKEIT: 80 bis 90 %.
SUBSTRAT: 50 % Kokosfaser, 10 % Rindenmulch, 10 % Kies, 10 % Ton, 10 % Styropor, 10 % Vermiculit.
RUHEZEIT: Winter, wenn die Überwinterungstemperatur auf 10 bis 15 °C abgesenkt wird.
SCHÄDLINGE UND KRANKHEITEN: Hauptsächlich Schildläuse.

BEMERKUNG

In Kultur zeigen die Pflanzen auch über mehrere Jahre nur geringes Längenwachstum, weil sie alternierend mal üppig, mal wenig wachsen. Trotzdem erfreuen sie den Karnivorenfreund, da man bei dieser Art zu jeder Jahreszeit den Anblick ihrer hübschen Kannen genießen kann.

Kannenstrauch

Nepenthes hirsuta

NEPENTHACEAE

Die aufgerichteten Härchen (hirsutus = rauhaarig) verraten, woher diese Pflanze ihren Namen hat. Es gibt, wie bei allen anderen Nepenthes, männliche und weibliche Exemplare.

ALLGEMEINES

NATÜRLICHER LEBENSRAUM: Borneo. An Rändern von Steilhängen, auf stark verwitterten Sandsteinböden und moosbedeckten Böden. Tropisches Flachlandklima.

BESCHREIBUNG: Terrestrische Kletterpflanze, 2 m hoch, mit lanzettlichen, spatelförmigen Blättern und zylindrischen, 15 cm hohen Kannen. Über 18 cm langer Blütenstand.

KULTURBEDINGUNGEN

TEMPERATUR: Im Sommer bis 20 bis 30 °C, Überwinterungstemperaturen um die 20 °C.

LICHT: Heller Standort, aber keine direkte Sonne.

GIESSEN: Den Boden das ganze Jahr über feucht halten, den Topf aber nicht im Wasser stehen lassen.

LUFTFEUCHTIGKEIT: 80 bis 90 %.

SUBSTRAT: 50 % Kokosfaser, 10 % Rindenhumus, 10 % Kies, 10 % Ton, 10 % Styropor, 10 % Vermiculit.

RUHEZEIT: Winter.

SCHÄDLINGE UND KRANKHEITEN: Vorwiegend Schildläuse.

BEMERKUNG

Die besten Resultate können Sie bei dieser Art mit großvolumigen, mindestens 20 cm großen Ton-Blumentöpfen erzielen.

Fettkraut

Pinguicula emarginata

LENTIBULARIACEAE

Zart und grazil ist diese mexikanische Art; eine der seltenen Fettkraut-Arten, die warme und feuchte Standorte verträgt.

ALLGEMEINES

NATÜRLICHER LEBENSRAUM: Mexiko (Bereich zwischen Puebla und Vera Cruz). Auf feuchten Sandstein-Felswänden mit geringer Humusauflage. Tropisches Höhenklima.

BESCHREIBUNG: Lithophytische (= auf Steinen lebende) Rosettenpflanze mit 3 cm großer Blattrosette. Elliptische, immergrüne Blätter mit 1 bis 1,5 cm Länge. Kleine, weiße bis malvenfarbene Blüten, die von dunkleren Adern durchzogen werden. Sie sind so winzig, dass man deren Schönheit mit der Lupe bewundern muss, übrigens ein in der Botanik sehr nützliches Utensil! Es existieren zahlreiche unterschiedliche Blütenformen.

KULTURBEDINGUNGEN

TEMPERATUR: Ganzjährige Tagestemperaturen 20 bis 25 °C, nachts Absenkung auf unter 15 °C.

LICHT: Keine direkte Sonne.

GIESSEN: Halten Sie den Boden während der Vegetationsperiode feucht, ohne im Untersetzer Wasser stehen zu lassen; während der kurzen Winterpause trockener.

LUFTFEUCHTIGKEIT: Hohe Luftfeuchte, mindestens 70 %.

SUBSTRAT: 50 % Weißtorf, 10 % Sand, 30 % Perlit, 10 % Vermiculit.

RUHEZEIT: Die Pflanze wächst bei Temperaturen wie oben angegeben fast das ganze Jahr über, Vegetationsruhe im Winter nur bei einer Temperaturabsenkung auf 10 bis 15 °C.

SCHÄDLINGE UND KRANKHEITEN: Blattläuse.

BEMERKUNG

Sie eignet sich gut für warme, feuchte Standorte, wo sich wenige Arten dieser Gattung wohlfühlen würden. Es gibt Pflanzenliebhaber, die diese Art so sehr schätzen, dass sie beharrlich jede Blütenvariante sammeln. Ob sie wohl auch mit Lupen handeln?

Großblütiges Fettkraut

Pinguicula grandiflora fo. pallida

LENTIBULARIACEAE

Sie wächst im Jura, zuweilen in Gesellschaft der Unterart Pinguicula grandiflora subsp. grandiflora, von der sie leicht über deren kräftig purpurfarbene Blüte zu unterscheiden ist.

ALLGEMEINES

NATÜRLICHER LEBENSRAUM: Frankreich, Schweiz (westlicher Jura). Kalkhaltige, feuchte, moosbewachsene Hänge. Kontinentales Gebirgsklima. Eine weitere Unterart wurde beschrieben.

BESCHREIBUNG: Ausdauernde Rosettenpflanze mit 8 cm großer Blattrosette (Sommerrosette) und kleinerer Winterrosette. Breit eiförmige Blätter. Hellviolette Blüten. Die Samenkapseln sind vor der Reife hellgrün, wohingegen sie bei der Art karminrot sind.

KULTURBEDINGUNGEN

TEMPERATUR: Im Sommer 16 bis 25 °C, Überwinterungstemperatur um die 10 °C in Innenräumen, im Freiland bis zu −10 °C.

LICHT: Halbschattiger Standort.

GIESSEN: Das ganze Jahr über den Boden feucht halten, ohne aber im Untersetzer Wasser stehen zu lassen.

LUFTFEUCHTIGKEIT: 60 bis 80 %.

SUBSTRAT: 50 % aufgekalkter Schwarztorf, 30 % Sand, 10 % Perlit, 10 % Vermiculit.

RUHEZEIT: Winter.

SCHÄDLINGE UND KRANKHEITEN: Blattläuse, Schnecken, Feldmäuse und der Pilz *Ustilago pinguiculae,* der den Pollen infiziert.

BEMERKUNG

Dank der Forschung des Schweizers DR. J. F. STEIGER *wissen wir viel über die Biologie und Kultur von Pinguicula aus gemäßigtem Klima. Dieser reisende Botaniker und kenntnisreiche Züchter ist Fachmann auf diesem Gebiet. Seine einfallsreichen Anlagen für diese Pflanzen haben eine Vielzahl von Karnivoren-Liebhabern inspiriert.*

Fettkraut

Pinguicula planifolia

LENTIBULARIACEAE

Manche Exemplare wirken einzigartig durch die herrliche Farbe der Blätter, die sich bei starkem Licht dunkelrot färben. Auch wegen der Schönheit ihrer Blüten lohnt sich die Kultivierung.

ALLGEMEINES

NATÜRLICHER LEBENSRAUM: Nordamerika (Florida, Mississippi). Sumpfige Savannen, Gräben, torfhaltige Sandböden. Sumpfpflanze, die zeitweise Überschwemmungen verträgt. Tropisches bis subtropisches feuchtes Klima.

BESCHREIBUNG: Ausdauernde Rosettenpflanze mit 15 cm Durchmesser. Spitze, elliptische Blätter. Hellrosa Einzelblüte.

KULTURBEDINGUNGEN

TEMPERATUR: Im Sommer 16 bis 25 °C, Überwinterungstemperatur 5 bis 15 °C. In kleinen Freiland-Sumpfbeeten wurde eine Kälteverträglichkeit bis –5 °C beobachtet.

LICHT: Heller, sogar vollsonniger Standort.

GIESSEN: Siehe Kapitel »Wasser«, Seite 15 ff.

LUFTFEUCHTIGKEIT: 60 bis 80 %.

SUBSTRAT: 60 % Weißtorf, 30 % Sand, 10 % Perlit, 10 % Vermiculit.

RUHEZEIT: Winter.

SCHÄDLINGE UND KRANKHEITEN: Vorwiegend Blattläuse.

BEMERKUNG

Die Kultur gelingt nur bei optimalem Standort. Um diesen herauszufinden, sollten Sie die Pflanzen an verschiedenen Ecken im Haus oder Gewächshaus aufstellen. Beobachten Sie Ihre Pflanze aufmerksam und reagieren Sie auf geringste Veränderungen der Pflanze. Auf diese Weise werden die Pflanzen und ihre attraktiven Verwandten dieser Region zu Ihrer Zufriedenheit gedeihen.

Kupferrote Schlauchpflanze

Sarracenia rubra

SARRACENIACEAE

Diese Art untergliedert sich in mehrere Unterarten, die ein breites Spektrum unterschiedlich großer Blüten und verschiedener Rottöne hervorbringen.

ALLGEMEINES

NATÜRLICHER LEBENSRAUM: Nordamerika (Georgia, Nord- und Süd-Carolina). Wächst in Sümpfen, feuchten Senken, auf Sand- oder Torfböden. Feuchtgemäßigtes Klima. Es gibt vier Unterarten.

BESCHREIBUNG: 50 cm hohe, ausdauernde, terrestrische Pflanze mit Rhizom. Aufrecht stehende, schlauchförmige Blätter. Rote, kleine Einzelblüten.

KULTURBEDINGUNGEN

TEMPERATUR: Im Sommer 20 bis 30 °C, Überwinterungstemperatur 5 bis 15 °C. Im Freiland-Sumpfbeet verträgt sie problemlos bis −12 °C.

LICHT: Vollsonniger Standort.

GIESSEN: Siehe Kapitel »Wasser«, Seite 17 ff.

LUFTFEUCHTIGKEIT: 40 bis 60 %.

SUBSTRAT: 70 % Weißtorf, 10 % Sand, 10 % Perlit, 10 % Vermiculit.

RUHEZEIT: Winter.

SCHÄDLINGE UND KRANKHEITEN: Blatt-, Schild- und Wollläuse, achten Sie auf Grauschimmel *(Botrytis)* im Winter und Stängelfäule *(Phytophtora)* im Sommer.

BEMERKUNG

Bei der Überwinterung in Innenräumen (Haus oder Gewächshaus) scheint sie empfindlich gegenüber Pilzbefall zu sein.

Wasserschlauch

Utricularia fulva

LENTIBULARIACEAE

Dank ihrer Blüten, die in herrlichem Gelb-Orange erblühen, kann man sie von den etwa zweihundert anderen Arten der Gattung unterscheiden.

ALLGEMEINES

NATÜRLICHER LEBENSRAUM: Nördliche Landesteile Australiens auf durchlässigen, sickerfeuchten Böden mit Sandsteinunterlage. Tropisches Klima.

BESCHREIBUNG: Meist einjährige, terrestrische Pflanze, die Ausläufer (Stolonen) bildet. Schmale, lineal lanzettliche Blätter mit bis zu 8 cm Länge. 5 mm große Saugfallen an Stolonen und oberirdischen Blättern. Bis zu 40 cm hoher Blütenschaft mit kleinen gelb-orangefarbenen Blüten.

KULTURBEDINGUNGEN

TEMPERATUR: Im Sommer 20 bis zu 35 °C, Überwinterungstemperaturen 16 bis 20 °C.

LICHT: Sehr heller Standort.

GIESSEN: Siehe Kapitel »Wasser«, Seite 15 ff.

LUFTFEUCHTIGKEIT: Hohe Luftfeuchte, mindestens 70 %.

SUBSTRAT: 70 % Weißtorf, 20 % Sand, 10 % Vermiculit.

RUHEZEIT: Keine ausgeprägte Ruhezeit.

SCHÄDLINGE UND KRANKHEITEN: Blattläuse.

BEMERKUNG

Diese nur schwer im Handel zu findende Art verdient es, besser bekannt und mehr verkauft zu werden. In Kultur verhalt sie sich wie eine Staude. Warmhaus-Kultur wirkt sich günstig auf ihr Wachstum aus, sie beginnt sogar zu wuchern. Leider blüht sie sehr zurückhaltend; sie treibt lediglich ein paar Blüten pro Jahr.

Karnivoren

FÜR KENNER

Die in diesem Teil vorgestellten Karnivoren sind dem versierten Pflanzenkenner vorbehalten. Sie verlangen besonders viel Geduld – die wichtigste aller Gärtnertugenden. Warten Sie sieben bis zehn Jahre, bevor Sie sich solche Pflanzen zulegen, denn jeden noch so kleinen Kulturfehler bezahlen Sie mit dem Verlust der Pflanze.

Wasserfalle

Aldrovanda vesiculosa

DROSERACEAE

In weiten Teilen Europas scheint die Wasserfalle, die im vergangenen Jahrhundert im Überfluss wuchs, seit etwa 30 Jahren ausgestorben zu sein.

ALLGEMEINES

NATÜRLICHER LEBENSRAUM: Europa (außer Großbritannien), Afrika, Asien und Australien. Kommt in ruhigem, saurem Süßwasser (Teichen, Seen) vor. Tropisches, subtropisches und gemäßigtes Klima. Kürzlich sind in Australien herrliche rot getönte Populationen entdeckt worden!

BESCHREIBUNG: Kleine, ausdauernde Wasserpflanze, deren 10 bis 50 cm langen Triebe ohne Wurzeln auf dem Wasser schwimmen. Quirlständige Blätter, 5 bis 7 mm große Klappfallen. 8 mm große, grünlich-weiße Blüten.

KULTURBEDINGUNGEN

TEMPERATUR: Die Wassertemperatur beeinflusst zusammen mit den Lichtverhältnissen das Wachstum: tropische Populationen im Sommer 22 bis 30 °C, im Winter 18 bis 20 °C. Gemäßigte Populationen (Kultur im Freien) im Sommer 18 bis 25 °C, im Winter −20 bis 10 °C.

LICHT: Sonne oder indirektes Licht.

GIESSEN: Siehe Kapitel »Die Zubereitung des Wassers für Wasserpflanzen«, Seite 17.

LUFTFEUCHTIGKEIT: Keinerlei Bedeutung.

SUBSTRAT: Aquarien- oder Teichboden aus Weißtorf.

RUHEZEIT: Vorhanden bei Population der Art aus gemäßigten Breiten während der Wintersaison, nicht vorhanden bei tropischen.

SCHÄDLINGE UND KRANKHEITEN: Wasserschnecken.

BEMERKUNG

Trotz der bemerkenswerten Arbeiten über das Verständnis ihrer Biologie und Kultur, die L. ADAMEC *aus der Tschechischen Republik und* C. BRECKPOT *aus Belgien durchgeführt haben, bleibt diese Art doch eine der am schwierigsten zu kultivierenden Pflanzen.*

Große Regenbogenpflanze

Byblis gigantea

BYBLIDACEAE

Diese Pflanze unterhält eine innige Beziehung zu den Insekten – im Inneren ihrer Blüten. Wenn sich die Insekten den Blüten nähern, bewirkt die Vibration ihrer Flügel die Freisetzung des Pollens.

ALLGEMEINES

NATÜRLICHER LEBENSRAUM: West-Australien. Entwickelt sich in Sümpfen auf humusarmem Sand in feuchtgemäßigtem Klima.

BESCHREIBUNG: Terrestrische, am Naturstandort ausdauernde Pflanze, 60 cm hoch. Lineal lanzettliche, 20 cm lange Blätter. Blüten unterschiedlicher Farben: rosa, purpurrot, sehr selten weiß.

KULTURBEDINGUNGEN

TEMPERATUR: Im Sommer 20 bis 30 °C, im Winter um die 10 °C.

LICHT: Sehr heller Standort, Beleuchtung im natürlichen Farbspektrum.

GIESSEN: Das Substrat feucht halten, aber nie den Topf im »Fußbad« stehen lassen.

LUFTFEUCHTIGKEIT: 60 bis 80 %.

SUBSTRAT: 80 % weißer Quarzsand, 20 % Weißtorf.

RUHEZEIT: Winter.

SCHÄDLINGE UND KRANKHEITEN: Achten Sie auf Blattläuse und Echten Mehltau.

BEMERKUNG

Byblis gigantea gilt zu Recht als empfindlich. Ihre Keimung ist ein Glücksspiel, und sie lebt in der Kultur nicht langer als zwei oder drei Jahre. Gießen Sie die Erde nie von oben, sondern geben Sie Wasser in den Untersetzer; im Winter, Sommer und Herbst sparsam.

Kobralilie, Kobraschlauchpflanze

Darlingtonia californica

SARRACENIACEAE

Die Kobraschlauchpflanze ist eine der originellsten Karnivoren. Ausgewachsen ist sie beeindruckend, aber um sie so weit zu bekommen, benötigt man einen »grünen Daumen«.

ALLGEMEINES

NATÜRLICHER LEBENSRAUM: Nordamerika (Oregon, Kalifornien). Sümpfe im Flach- und Hochland, auf sogenanntem Serpentinboden mit Torfmoosen, auf von oberflächennahem Wasser durchströmten Torfmooren. Kühles, feuchtgemäßigtes Klima mit großen Temperaturschwankungen. Einzige Art der Gattung.

BESCHREIBUNG: Ausdauernde, terrestrische Pflanze, 0,90 bis 1 m hoch, die hornförmigen Blätter bilden eine Art Kuppeldach mit Fortsatz aus. Die Blüten mit braunen Kronblättern und grünen Kelchblättern hängen glockenartig herab.

KULTURBEDINGUNGEN

TEMPERATUR: Im Sommer bis zu 15 bis 30 °C, im Winter 5 bis 15 °C. Im Freiland-Sumpfbeet verträgt sie während der Ruhezeit maximal −12 °C.

LICHT: Vorzugsweise halbschattiger Standort (die Pflanzen sind dann wüchsiger als in der vollen Sonne).

GIESSEN: Siehe Kapitel »Wasser«, Seite 15 ff.

LUFTFEUCHTIGKEIT: 60 bis 80 %.

SUBSTRAT: 70 % Weißtorf, 20 % Sand, 10 % Vermiculit. Verteilen Sie zusätzlich eine dünne Schicht frisches Torfmoos *(Sphagnum)* auf der Substratoberfläche.

RUHEZEIT: Winter.

SCHÄDLINGE UND KRANKHEITEN: Blatt-, Schild- und Wollläuse, Milben, Echter Mehltau.

BEMERKUNG

Sie ist schwierig zu kultivieren, und so findet man in der Literatur eine Menge »Erfolgsrezepte«. Doch deren Anwendung kann Ihre freie Zeit über Gebühr beanspruchen. Versuchen Sie es besser mit einem großen Topfvolumen (60 × 60 × 60 cm), das Ihnen zu einer erfolgreichen Kultur verhelfen wird.

Sonnentau

Drosera arenicola var. occidentalis

DROSERACEAE

Der lateinische Name dieser kleinen Drosera bedeutet, dass sie am liebsten ein sandiges Substrat wünscht. Sie schmückt sich sehr häufig mit Laub in kräftigem Rotton.

ALLGEMEINES

NATÜRLICHER LEBENSRAUM: Südamerika (Venezuela). Savannen, Hochebenen, auf Sandböden. Stark wechselndes Tropenklima mit für die Pflanze wichtigen großen Temperaturunterschieden.

BESCHREIBUNG: Ausdauernde, terrestrische Rosettenpflanze mit 3 cm Durchmesser. Runde, spatelförmige Blätter. Kleine weiße Blüten, deren Kronblätter am Rande gezahnt sind.

KULTURBEDINGUNGEN

TEMPERATUR: Ganzjährige Tagestemperaturen bis zu 30 °C, nachts Absenkung auf unter 15 °C.

LICHT: Sehr heller Standort.

GIESSEN: Das Substrat feucht halten, den Topf aber nie im »Fußbad« stehen lassen.

LUFTFEUCHTIGKEIT: 70 bis 80 %.

SUBSTRAT: 50 % Weißtorf, 30 % Sand, 20 % Vermiculit.

RUHEZEIT: Winter, wenn die Überwinterungstemperatur auf 10 bis 15 °C abgesenkt wird.

SCHÄDLINGE UND KRANKHEITEN: Blattläuse, Pilze.

BEMERKUNG

Die Kultur dieser Art ist sehr schwierig. Lösungen gegen den systematischen Verlust von Pflanzen bei Erreichen eines bestimmten Entwicklungsstadiums befinden sich noch in der Erprobungsphase. Zurzeit gestattet nur die Kultur im Reagenzglas (In-vitro-Kultur), einen Vorrat aufrecht zu erhalten. Auch hier scheint ein großes Substratvolumen, das im Verhältnis zu dem Wurzelvolumen stark überproportioniert ist, erfolgversprechend zu sein.

Sonnentau

Drosera barbigera

DROSERACEAE

Sie gehört zu den Miniaturarten und fängt kleine, im Substrat lebende Beutetiere, wie beispielsweise Springschwänze.

ALLGEMEINES

NATÜRLICHER LEBENSRAUM: West-Australien. Sie lebt ausschließlich auf Hügelkuppen, in sandigen, steinigen Lateritböden. Subtropisches, feuchtgemäßigtes Klima.
BESCHREIBUNG: Am Naturstandort ausdauernde Rosettenpflanze mit 5 cm Durchmesser. Elliptische, 5 mm lange Blätter. Einzelner, bis 9 cm langer Blütenstand, der 5 bis 8 kleine, rote oder orangefarbene Blüten mit schwarzer Mitte trägt.

KULTURBEDINGUNGEN

TEMPERATUR: Im Sommer 20 bis zu 40 °C, im Winter 5 bis 15 °C.
LICHT: Sehr heller, sogar vollsonniger Standort.
GIESSEN: In der Wachstumsperiode (Dezember bis Mai / Juni) feucht halten, die übrige Zeit nur so sparsam gießen, dass Welkeerscheinungen verhindert werden.
LUFTFEUCHTIGKEIT: 40 bis 70 %.
SUBSTRAT: Hoher Anteil (80 %) Quarzsandmischung, Weißtorf (10 %) und grobes Dränagematerial (10 %).
RUHEZEIT: Im Sommer; in Kultur lebt die Pflanze nur einige Monate.
SCHÄDLINGE UND KRANKHEITEN: Blattläuse; Grauschimmel *(Botrytis)*, der die Pflanze im Knospenstadium befällt.

BEMERKUNG

Eine der schönsten der Gruppe, doch man muss sie sich »verdienen«.

Sonnentau

Drosera × beleziana

DROSERACEAE

Obwohl sie 1895 nach Funden beschrieben wurde, die in einem Sumpf im französischen Bezirk Seine-et-Oise entdeckt worden sein sollen, scheint es diese natürliche Hybride nicht wild in Europa zu geben.

ALLGEMEINES

NATÜRLICHER LEBENSRAUM: Nordhalbkugel (Nordamerika, möglicherweise Europa, Asien). In Torfmooren mit ihren beiden Elternpflanzen *D. rotundifolia* und *D. intermedia*. Gemäßigtes Klima. 1895 von G. CAMUS beschrieben, trägt die Pflanze den Namen von Frau Bélèze, der wir ihre Entdeckung zu verdanken haben.
BESCHREIBUNG: Ausdauernde Pflanze mit 7 cm hohen Stängeln. Halb aufgerichtete, breit eiförmige Blätter. Weiße Blüten. Kann nicht mit *D.* u *obovata* verwechselt werden.

KULTURBEDINGUNGEN

TEMPERATUR: Im Sommer 15 bis 30 °C, verträgt bis zu −15 °C im Winter. Kultur ausschließlich im Freiland-Sumpfbeet.
LICHT: Sonniger Standort.
GIESSEN: Überlassen Sie sie weitgehend dem Klima des Freilandes, aber achten Sie darauf, dass das Substrat sumpfig bleibt.
LUFTFEUCHTIGKEIT: 70 bis 80 %.
SUBSTRAT: 100 % frisches Torfmoos *(Sphagnum)*.
RUHEZEIT: Winter.
SCHÄDLINGE UND KRANKHEITEN: Blattläuse.

BEMERKUNG

Ihr europäisches Vorkommen ist unsicher; die beiden einzigen Belegexemplare, die 1895 beschrieben wurden, ebenso wie die bis heute erfolgten zahlreichen Funde, sind bei näherer Betrachtung Formen von Drosera intermedia, deren Laub verschiedene Formen annehmen kann.

Langblättriger Sonnentau

Drosera anglica

DROSERACEAE

Wenn Sie den Langblättrigen Sonnentau in seinem natürlichen Lebensraum entdecken wollen, vergessen Sie Ihre Gummistiefel nicht. Er lebt in den feuchtesten Bereichen der Torfmoore.

ALLGEMEINES

NATÜRLICHER LEBENSRAUM: Nordamerika einschließlich Alaska, Europa, Japan, Hawaii-Insel Kauai. Torfmoor, eher mesotroph. Sowohl gemäßigte, kalte Klimate als auch tropisches Höhenklima.

BESCHREIBUNG: Ausdauernde, terrestrische Pflanze, 10 bis 20 cm hoch. Längliche, schmale Blätter. Weiße Blüten.

KULTURBEDINGUNGEN

TEMPERATUR: Im Sommer 15 bis 30 °C, verträgt im Winter bis zu −15 °C. Kultur nur im Freiland-Sumpfbeet möglich.

LICHT: Sonne.

GIESSEN: Überlassen Sie die Pflanze weitgehend dem Klima des Freilandes, aber achten Sie darauf, dass das Substrat sumpfig-feucht bleibt.

LUFTFEUCHTIGKEIT: 70 bis 80 %.

SUBSTRAT: Reiner Weißtorf.

RUHEZEIT: Winter.

SCHÄDLINGE UND KRANKHEITEN: Blattläuse.

BEMERKUNG

Die in Europa wachsenden Drosera-Arten sind schwierig zu halten. Drosera anglica muss unbedingt im Freien stehen. Geeignet für die Kultur sind große 250-Liter-Container, die ausschließlich mit Weißtorf gefüllt sind. Die Pflanze scheint sich auf dem reinem Torf besser zu entwickeln als auf Torfmoos.

Königs-Sonnentau

Drosera regia

DROSERACEAE

Sie ist auffällig groß und – wie der Name schon andeutet – ohne Zweifel die majestätischste der Gattung. Sie lebt in Südafrika in einem einzigen Tal und wird als ein Archetyp der Gattung betrachtet.

ALLGEMEINES

NATÜRLICHER LEBENSRAUM: Tal der Baviaanskloof-Kette bei Kapstadt. Gebirgszone, in Sand- oder Torfböden, auf Kies in Bachbetten. Gemäßigtes Klima.
BESCHREIBUNG: Ausdauernde, terrestrische Pflanze, die 70 cm hoch werden kann. Lineal lanzettliche Blätter. 40 cm hoher Blütenstand mit großen rosa Blüten.

KULTURBEDINGUNGEN

TEMPERATUR: Im Sommer 15 bis 30 °C, im Winter 5 bis 15 °C.
LICHT: Heller, auch vollsonniger Standort.
GIESSEN: Siehe Kapitel »Wasser«, Seite 15 ff.
LUFTFEUCHTIGKEIT: 70 bis 80 %.
SUBSTRAT: 70 % Weißtorf, 20 % Sand, 10 % Vermiculit.
RUHEZEIT: Winter.
SCHÄDLINGE UND KRANKHEITEN: Hauptsächlich Blattläuse.

BEMERKUNG

Jahrelange Selbstversuche, diese Art im Südwesten Frankreichs in 30-cm-Töpfen zu ziehen, scheiterten fast ausnahmslos. Erst seit dem Verpflanzen in größere Container gedeihen die Pflanzen, blühen jährlich und keine geht mehr ein. Auf die Gefahr hin, mich zu wiederholen: Empfehlenswert ist die Verwendung von Töpfen, die im Verhältnis zur Pflanze überproportioniert wirken. Behalten Sie stets im Kopf, dass das Überleben Ihrer Pflanzen wichtiger ist als die Ästhetik.

Sonnentau

Drosera schizandra

DROSERACEAE

Ihre intensiv grünen Rosetten, aus denen purpurrote Blüten hervorragen, sind verführerisch. Doch wenn Sie nicht erfahrener Karnivoren-Sammler sind, verzichten Sie besser auf diese Schönheit.

ALLGEMEINES

NATÜRLICHER LEBENSRAUM: Australien (Queensland: am Mount Bartle Frere endemisches Vorkommen). In feuchten Sandböden, in Regenwäldern. Tropisches Klima.
BESCHREIBUNG: Diese ausdauernde, terrestrische Rosettenpflanze mit bis zu 20 cm Durchmesser besitzt breit eiförmige Blätter und einen 12 cm langen Blütenstand.

KULTURBEDINGUNGEN

TEMPERATUR: Im Sommer 25 bis 35 °C, im Winter 18 bis 25 °C.
LICHT: Keine direkte Sonne, wächst gut unter fluoreszierenden Leuchtstoffröhren.
GIESSEN: Siehe Kapitel »Wasser«, Seite 15 ff.
LUFTFEUCHTIGKEIT: Nie unter 80 bis 90 %.
SUBSTRAT: 80 % Sand, 10 % Weißtorf, 10 % Styropor.
RUHEZEIT: Bei Einhaltung des Temperaturoptimums kann sie ganzjährig wachsen, ansonsten legt sie im Winter eine Ruhepause ein.
SCHÄDLINGE UND KRANKHEITEN: Blattläuse und Pilze.

BEMERKUNG

Sehr schwierig, Sie müssen bei ihr unbedingt für die benötigte Wärme und Feuchtigkeit sorgen. Ein Substrat auf Grundlage frischen Torfmooses bekommt ihr gut. Sie vermehrt sich stark dank unterirdischer Ausläufer, was für eine vegetative Vermehrung der Pflanze willkommen ist.

Taublatt

Drosophyllum lusitanicum

DROSERACEAE

Dieses Taublatt verströmt das ganze Jahr über einen lieblichen Duft. Die von so viel Süße angelockten Insekten enden in diesem trügerischen Tau, der ihnen zum Verhängnis wird.

ALLGEMEINES

NATÜRLICHER LEBENSRAUM: Südwesteuropa (Spanien, Portugal), Nordafrika (Marokko). Wächst in trockenen Kiefernwäldern auf steinigen Sandböden. Gemäßigtes, halbtrockenes Klima.

BESCHREIBUNG: Am Naturstandort ausdauernde, 30 bis 60 cm hohe, terrestrische Pflanze. Fadenförmige Blätter. 2 bis 4 cm große gelbe Blüten.

KULTURBEDINGUNGEN

TEMPERATUR: 20 bis 40 °C im Sommer, im Winter 5 bis 15 °C.
LICHT: Heller oder halbschattiger Standort.
GIESSEN: Sparsam, das Substrat im Winter und Frühling leicht feucht halten. Im Sommer und Herbst sollten Sie erst kurz vor dem Vertrocknen gießen. Nie von oben gießen, sondern immer das Wasser in den Untersetzer füllen.
LUFTFEUCHTIGKEIT: 40 bis 60 %.
SUBSTRAT: 40 % Weißtorf, 40 % Sand, 10 % Perlit, 10 % Vermiculit.
RUHEZEIT: Sommer, Herbst.
SCHÄDLINGE UND KRANKHEITEN: Pilzerkrankungen.

BEMERKUNG

Leider überdauert die Pflanze in Kultur lediglich eine Vegetationsperiode, während sie unter natürlichen Bedingungen ausdauernd wächst. Glücklicherweise bringt sie eine ausreichende Menge Samen mit guter Keimfähigkeit hervor. Das Geheimnis einer erfolgreichen Kultivierung liegt in dem Verständnis und der Einhaltung ihrer Ansprüche an das Wasserregime.

Kleine Reusenfalle

Genlisea pygmaea

LENTIBULARIACEAE

Die Blüten dieser Gattung werden leicht mit denen vom Wasserschlauch (Utricularia) verwechselt. Zählen Sie die Unterteilungen des Kelches: Bei Genlisea sind es fünf, bei Utricularia zwei.

ALLGEMEINES

NATÜRLICHER LEBENSRAUM: Südamerika (Venezuela, Brasilien). Sumpf, feuchter, sandiger Boden. Wechselhaftes tropisches Klima.

BESCHREIBUNG: Ausdauernde, terrestrische Rosettenpflanze von 2 bis 4 cm Durchmesser und 1 bis 2 cm langen spatelförmigen Blättern, die mit Pflanzensekret überzogen sind. Durchscheinende gabelförmige Reusenfallen, die Einzeller (Protozoen) fangen. Kleine gelbe Blüten.

KULTURBEDINGUNGEN

TEMPERATUR: Im Sommer 20 bis 30 °C, im Winter 16 bis 20 °C.

LICHT: Sehr heller Standort.

GIESSEN: Hier muss ein Übertopf verwendet werden, der höher ist als der Topf. Während der Wachstumsperiode (Frühling / Sommer) halten Sie den Wasserstand knapp unterhalb des oberen Topfrandes. Ansonsten lassen Sie den Übertopf auf ein Viertel der Topfhöhe gefüllt.

LUFTFEUCHTIGKEIT: 80 bis 90 %.

SUBSTRAT: 90 % grober Sand (3,5 bis 5 mm Korngröße), 10 % Weißtorf.

RUHEZEIT: Winter.

SCHÄDLINGE UND KRANKHEITEN: Achten Sie auf Blattläuse an den Blütenstängeln.

BEMERKUNG

Mit ins Wasser getauchten durchlöcherten Plastiktöpfen erzielen Sie die besten Ergebnisse. Bei der Verwendung von feinerem Sand als oben angegeben ist der Kulturerfolg in Frage gestellt.

Kannenstrauch

Nepenthes macrophylla

NEPENTHACEAE

Diese Art stammt von der Insel Borneo. Sie fällt durch Behaarung rund um die Öffnung des Kannenrandes auf. Dieses Charakteristikum ist bei den ausgewachsenen Pflanzen sehr ausgeprägt.

ALLGEMEINES

NATÜRLICHER LEBENSRAUM: Borneo. Stark eisen- und magnesiumhaltige Böden. Moosbewachsene Wälder. Feuchtes tropisches Höhenklima. Umstritten ist bei den großen Spezialisten dieser Gattung, ob es sich bei dieser Pflanze – wie hier angegeben – um die eigene Art *Nepenthes macrophylla* oder um eine Unterart von *Nepenthes edwardsiana* handelt.
BESCHREIBUNG: Terrestrisch oder epiphytisch lebende, ausdauernde Pflanze, die sich in bis zu 10 m Höhe ansiedeln kann. Bis zu 35 cm lange Blätter. 30 cm lange Stängel tragen zylindrische Kannen mit diskusartiger, abgeschrägter Öffnung, die bis zu 40 cm lang werden können.

KULTURBEDINGUNGEN

TEMPERATUR: Ganzjährige Tagestemperaturen um die 25 °C, nachts Absenkung auf 15 °C.
LICHT: Heller Standort, direkte Sonneneinstrahlung im Sommer vermeiden.
GIESSEN: Den Boden das ganze Jahr über feucht halten, den Topf aber nicht im »Fußbad« stehen lassen.
LUFTFEUCHTIGKEIT: Hohe Luftfeuchte, mindestens 80 %.
SUBSTRAT: 50 % Kokosfasern, 10 % Rindenhumus, 10 % Kies, 10 % Ton, 10 % Styropor, 10 % Vermiculit.
RUHEZEIT: Winter, wenn die Überwinterungstemperatur auf 10 bis 15 °C abgesenkt wird.
SCHÄDLINGE UND KRANKHEITEN: Vor allem Schildläuse.

Kannenstrauch

Nepenthes rajah

NEPENTHACEAE

Durch den Fund junger Ratten in den Kannen dieser Art wurde die Neugier bei den Sammlern geweckt, die die Pflanze fast aussterben ließ.

ALLGEMEINES

NATÜRLICHER LEBENSRAUM: Borneo. Offener Lebensraum, stark eisen- und magnesiumhaltiger Grasboden. Feuchtes, tropisches Höhenklima.

BESCHREIBUNG: Ausdauernder Bodendecker, dessen Triebenden sich 1 bis 1,5 m hoch aufrichten; längliche, lanzettliche Blätter, 35 cm lange ellipsenförmige Kannen. Blütenstand bis 1 m hoch. Obwohl man gelegentlich junge Ratten in ihren Kannen gefunden hat, zählen diese natürlich nicht zu ihrer Hauptnahrung.

KULTURBEDINGUNGEN

TEMPERATUR: Ganzjährige Tagestemperaturen 25 bis 30 °C, nachts Absenkung auf 15 °C.

LICHT: Heller Standort, aber direkte Sonneneinstrahlung im Sommer vermeiden.

GIESSEN: Das ganze Jahr über den Boden feucht halten, den Topf aber nicht im Wasser stehen lassen.

LUFTFEUCHTIGKEIT: Mindestens 80 %.

SUBSTRAT: 50 % Kokosfasern, 10 % Rindenhumus, 10 % Kies, 10 % Ton, 10 % Styropor, 10 % Vermiculit.

RUHEZEIT: Winter, wenn die Überwinterungstemperatur auf 10 bis 15 °C abgesenkt wird.

SCHÄDLINGE UND KRANKHEITEN: Vor allem Schildläuse.

BEMERKUNG

Ihre als schwierig geltende Kultivierung hat seit der Vermarktung von Jungpflanzen aus der In-Vitro-Kultur Fortschritte erfahren. Oft wurde ihr eine Unverträglichkeit gegenüber höheren Temperaturen (über 25 °C) nachgesagt. Die besten Ergebnisse erzielt man mit dem Umtopfen in das oben beschriebene Substrat auf Kokosfaser-Basis, in dem die Pflanzen sehr rasch ihr Volumen vervierfacht haben. So »präpariert«, scheinen sie nichts gegen die Kultivierung im Gewächshaus zu haben, in dem es im Sommer bis zu 40 °C heiß werden kann.

Fettkraut

Pinguicula filifolia

LENTIBULARIACEAE

Diese Form, die vom Aussehen her an eine Drosera denken lässt, wurde erst kürzlich bei uns eingeführt. Da erst wenige Versuche der Inkulturnahme vorliegen, ist es noch ein weiter Weg bis zur erfolgreichen Kultivierung.

ALLGEMEINES

NATÜRLICHER LEBENSRAUM: Westliches Kuba. Sumpfige Savannen, Sandboden mit geringem Humusgehalt in offenen Gebieten. Tropisches, feuchtes Klima.
BESCHREIBUNG: 15 bis 20 cm hohe, terrestrische Rosettenpflanze mit fadenförmigen, drüsenbedeckten Blättern. Blüten in unterschiedlichen Farben: blau, rosa oder gelb.

KULTURBEDINGUNGEN

TEMPERATUR: Ganzjährig 25 bis 35 °C (Gewächshaus).
LICHT: Sehr heller Standort.
GIESSEN: Das ganze Jahr über den Boden im Anstauverfahren feucht halten.
LUFTFEUCHTIGKEIT: Mindestens 80 %.
SUBSTRAT: Es ist schwierig, ein Substrat zu empfehlen, denn von allen, die ausprobiert wurden, hat sich keines als optimal erwiesen. Am ehesten zu empfehlen ist eine Mischung aus 80 % Sand plus 20 % Weißtorf.
RUHEZEIT: Keine ausgeprägte Ruhephase.
SCHÄDLINGE UND KRANKHEITEN: Empfindlich gegenüber Grauschimmel *(Botrytis)* im Winter.

BEMERKUNG

Die Kultur erweist sich als sehr schwierig, wenn man nicht auf In-Vitro-Kulturweise zurückgreift. Die Lösung besteht möglicherweise in der exakten Einhaltung der klimatischen Bedürfnisse. Die Pflanze scheint in diesem Punkt absolut keine noch so geringe Abweichung des Temperaturoptimums zu tolerieren.

Fettkraut

Pinguicula vallisneriifolia

LENTIBULARIACEAE

Eine der wenigen fleischfressenden Pflanzen, die kalkhaltiges Wasser verträgt. Sie belebt mit ihren blauen oder weißen Blüten die Wände einiger spanischer Schluchten.

ALLGEMEINES

NATÜRLICHER LEBENSRAUM: Südspanien. Feuchte Kalkfelsen. Mittelmeerklima, Pflanzenstandorte in etwas kühlerem Mikroklima.

BESCHREIBUNG: Lithophytische (= felsbewohnende), ausdauernde Rosettenpflanze von 50 cm Durchmesser. Ihre 25 cm langen, lineal lanzettlichen Sommerblätter machen aus ihr einen Riesen innerhalb der Gattung. Die Blüten sind 2,5 bis 4 cm groß und violett mit weißem Schlund.

KULTURBEDINGUNGEN

TEMPERATUR: Im Sommer 15 bis 25 °C, im Winter zwischen 5 und 10 °C.

LICHT: Direkte Sonneneinstrahlung vermeiden.

GIESSEN: Schwierig. Während der Wachstumsperiode den Boden feucht halten, aber den Topf nicht im Wasser stehen lassen. Im Winter muss der Boden kühl und leicht feucht bleiben.

LUFTFEUCHTIGKEIT: 70 bis 80 %.

SUBSTRAT: 70 % Mergelkalk, der nur sparsam am Naturstandort entnommen werden sollte, sofern das ein Schutzstatus des Standortes nicht verbietet. Dazu kommen 20 % Perlit und 10 % Vermiculit.

RUHEZEIT: Winter.

SCHÄDLINGE UND KRANKHEITEN: Blattläuse, Schnecken, Feldmäuse.

BEMERKUNG

Die Verwendung eines geeigneten Substrats scheint vorrangig zu sein, wenn man versuchen will, dieses Fettkraut zu ziehen. Leider scheint keine künstliche Mischung geeignet zu sein, den Mergelkalk zu ersetzen.

Haarige Wanzenpflanze

Roridula gorgonias

RORIDULACEAE

Ob nun fleischfressende Pflanze oder nicht, seien hier die Worte von P. JOLIVET, einem bedeutenden Entomologen zitiert: »Ob sie nun ihre Beuteti ere direkt verdaut oder nicht – allein die Tatsache, dass sie sie fängt, ist schon interessant.«

ALLGEMEINES

NATÜRLICHER LEBENSRAUM: Südafrika. Sandböden, gemäßigtes Klima.

BESCHREIBUNG: Terrestrische, strauchartig wachsende, ausdauernde Pflanze mit bis zu 1,5 m Höhe. Lineal lanzettliche Blätter von 20 cm Länge, die mit stark klebenden Drüsen besetzt sind. Diese Drüsen bilden jedoch kein eigenes Verdauungssekret; vermutet wird eine Symbiose mit Wanzenarten, die die festgeklebten Insekten vorverdauen und deren Ausscheidungsprodukte die Pflanze dann als »Blattdünger« aufnimmt. 3 cm große rosa Blüten.

KULTURBEDINGUNGEN

TEMPERATUR: Im Sommer 20 bis 30 °C, 5 bis 10 °C im Winter.

LICHT: Heller, sogar vollsonniger Standort.

GIESSEN: Das ganze Jahr über den Boden tiefgründig feucht halten, was Sie mit der Verwendung von 70 cm hohen und 50 cm breiten Gefäßen erreichen. Die Pflanze wird sich diese Feuchtigkeit mit den Wurzeln holen.

LUFTFEUCHTIGKEIT: 50 bis 60 %.

SUBSTRAT: 70 % Weißtorf, 20 % Sand, 10 % Vermiculit.

RUHEZEIT: In gemäßigten Klimaten im Sommer.

SCHÄDLINGE UND KRANKHEITEN: Achten Sie auf Schimmelbildung auf den abgestorbenen Blättern.

BEMERKUNG

Sehr empfindlich gegenüber hoher Luftfeuchtigkeit zu allen Jahreszeiten, denn dann entwickelt sie auf den Blättern Pilze. Pilzbefall und dem fortschreitenden Verfall der Pflanze wirken Sie durch einen gut gelüfteten Standort entgegen. An dem Erhalt der Pflanze sollte Ihnen nicht zuletzt deswegen gelegen sein, weil sie zu den Feuerkeimern (Pyrophyten) zählt, ihre Vermehrung über Samen also schwierig ist.

Wasserschlauch

Utricularia endresii

LENTIBULARIACEAE

Früher hatte sie ihren Platz in den Gewächshäusern neben den prächtigen Orchideen. Es stimmt, dass der berühmte Orchideenkenner REICHENBACH sie »Lentibulariaceous Orchid« genannt hatte.

ALLGEMEINES

NATÜRLICHER LEBENSRAUM: Mittelamerika und nordwestliches Südamerika (Costa Rica, Kolumbien, Ecuador, Panama). Die Pflanze gedeiht im Moos, das die Bäume in Regenwäldern überzieht. Tropisches, feuchtes Höhenklima.
BESCHREIBUNG: Ausläufer bildender, mehrjähriger Epiphyt. Längliche bis länglich elliptische Blätter. 4 cm lange, lavendelfarbene oder violette Blüten mit einem gelben Fleck.

KULTURBEDINGUNGEN

TEMPERATUR: Ganzjährige Tagestemperaturen 25 bis 30 °C, nachts Absenkung auf unter 15 °C.
LICHT: Heller Standort, keine direkte Sonne.
GIESSEN: Der Topf muss während der Wachstumsperiode mit etwas Wasser gefüllt sein. In der Ruhezeit den Boden leicht feucht halten.
LUFTFEUCHTIGKEIT: Mindestens 80 %.
SUBSTRAT: 70 % Farnwurzeln, 20 % Styropor, 10 % Perlit.
RUHEZEIT: Ein- bis zweimal pro Jahr, oft nach der Blüte; nur dann, wenn die Überwinterungstemperatur auf 10 bis 15 °C abgesenkt wird.
SCHÄDLINGE UND KRANKHEITEN: Vor allem Echter Mehltau.

BEMERKUNG

In ihrer natürlichen Umgebung bildet die Pflanze knötchenförmige Speicherorgane aus, die möglicherweise der Überdauerung dienen und deren Bildung durch ungünstige Wachstumsbedingungen ausgelöst werden könnte. In Kultur kennzeichnet der Übergang der Pflanzen in die Vegetationsruhe den Beginn einer schwierigen Phase, denn zuviel Feuchtigkeit lässt sie verfaulen. Verwenden Sie ein durchlässiges Farnwurzelsubstrat.

Wasserschlauch

Utricularia multifida

LENTIBULARIACEAE

Früher wurde sie Polypompholyx multifida genannt, doch heute zählt man sie zu den Utricularia-Arten, da die Unterschiede im Blütenstand als nicht ausreichend genug für eine eigene Gattung beurteilt wurden.

ALLGEMEINES

NATÜRLICHER LEBENSRAUM: West-Australien. Sumpfränder, moosige Böden, granithaltige Felsen, torfhaltiger Sand. Gemäßigtes bis subtropisches Klima.

BESCHREIBUNG: Einjährige, terrestrische Pflanze mit 2 cm großer Rosette. Spatelförmige Blätter, zahlreiche Saugfallen an unter- und oberirdischen Ausläufern (Stolonen). Rosafarbene, sehr selten weiße Blüten mit deutlich dreigeteilter Unterlippe an einem bis zu 45 cm langen Blütenstand.

KULTURBEDINGUNGEN

TEMPERATUR: 25 bis 30 °C im Sommer, 10 bis 15 °C im Winter (temperiertes Gewächshaus).

LICHT: Sonniger Standort.

GIESSEN: Verwenden Sie hier einen Übertopf, der höher ist als der Topf und halten Sie den Wasserstand während der ganzen Wachstumsperiode (Herbst/Winter) knapp unterhalb der Topf-Oberkante.

LUFTFEUCHTIGKEIT: 60 bis 80 %.

SUBSTRAT: Sie scheint ein sehr sandiges Substrat zu bevorzugen, wie etwa 70 % Sand und 30 % Weißtorf.

RUHEZEIT: Die Pflanze mit winterlichem Wachstum lebt nur einige Monate. Sie stirbt in der Regel nach der Blütezeit ab.

SCHÄDLINGE UND KRANKHEITEN: Blattläuse.

BEMERKUNG

Diese Pflanze muss jedes Jahr neu gesät werden, wobei die Keimung nicht immer gelingt. Sie ist wie viele einjährige Arten der Gattung in Kultur sehr schwierig zu halten. Das ist schade, denn ihre Blüten sind so einzigartig und zählen zu den schönsten.

Schädlinge und Krankheiten

Man könnte leicht meinen, dass diese Pflanzen nicht anfällig für Schadinsekten wären, aber das ist nicht der Fall. Die zu ihrer Bekämpfung erforderlichen Mittel finden Sie leicht im Handel.

Blattläuse

Diese Tierchen kennt jeder. Sie befallen alle Arten, sogar die Wasserpflanzen (Blatt- und Blütenstängel). Man dämmt sie mit einem biologischen oder chemischen handelsüblichen Insektizid ein, aber versuchen Sie es zunächst mit einer geringeren Konzentration als angegeben, denn *Byblis, Drosera* und *Pinguicula* haben empfindliches Laub!

Milben

Hier handelt es sich um winzige, ein bis einige Millimeter große Spinnentiere, die den Pflanzen den Saft aussaugen und die Blätter mit feinen weißen Spinnenfäden überziehen (vor allem bei den Gattungen *Brocchinia, Dionaea, Nepenthes, Sarracenia*). Verwenden Sie ein biologisches Insektizid abwechselnd mit einem handelsüblichen Mittel gegen Milben. Erkundigen Sie sich dabei nach der Verträglichkeit für Ihre Pflanze.

Nackt- und Gehäuseschnecken

Sie fressen vor allem *Pinguicula,* zuweilen *Drosera* und *Sarracenia.* Am schonendsten für die Pflanzen bleibt immer noch das Absammeln von Hand oder das Aufstellen von flachen, biergefüllten Schalen, ebenerdig zwischen den Pflanzen. In diesen Ködern ertrinken die Schnecken; vergessen Sie aber das tägliche Auswechseln nicht.

Nagetiere

Schützen Sie Ihre mit Überwinterungsknospen (Hibernakeln) ausgestatteten *Pinguicula;* denn dieses nährstoffreiche Überdauerungs-Organ ist für Nager ein echter Leckerbissen. Legen Sie Lebendfallen aus.

Pilze

Die Gattungen *Botrytis, Pythium, Phytophtora, Oidium* wirken, wenn sie die Pflanze erstmal befallen haben, oft heimtückisch und schnell. Bei Infizierung bleibt Ihnen wenig Zeit zum Handeln. Verwenden Sie handelsübliche Fungizide. Bei Kalk liebenden Pflanzen, wie z. B *Pinguicula* aus dem mexikanischen Hochland, hilft eine Extragabe an feinkörnigem Kalk.

Raupen

Die Blatt fressenden Raupen richten vor allem bei *Pinguicula* Schaden an. Am besten mit einem biologischen Mittel behandeln, das *Bacillus thuringiensis* enthält. *Sarracenia*-Arten werden gern von den Gattungen *Exyra* und *Papaipema* befallen, die aber in Kultur sehr selten vorkommen.

Schild- und Wollläuse

Sie befallen gern *Catopsis, Brocchinia, Nepenthes* und *Sarracenia.* Schildläuse machen ihrem Namen alle Ehre, da sie wie kleine braune Schilde aussehen; sie können leicht mit einem Mittel auf Malathion-Basis oder einem systemisch wirkenden Mittel entfernt werden. Wollläuse ähneln kleinen weißen Wattebäuschen; es ist unmöglich, sie völlig zu vernichten. Verwenden Sie ein systemisch wirkendes Insektizid.

Wollläuse, die hier die Kanne einer Sarracenia befallen haben, haben die Ansiedlung sogenannter Rußtaupilze ausgelöst, die sich als schwarzer Belag niederschlagen.

Weiße Fliegen

Diese auch Mottenschildläuse (*Aleurodidae*) genannten Insekten bevorzugen Ibicella (obwohl diese sie fängt) wie auch andere Arten mit klebrigen Blättern. Behandlung mit einem biologischen Insektizid.

Service

DER SCHUTZ FLEISCHFRESSENDER PFLANZEN

Fleischfressende Pflanzen sind mehr oder weniger stark vom Aussterben bedroht; zum Glück werden Maßnahmen zum Schutz ihrer natürlichen Lebensräume wie auch der Pflanzen selbst ergriffen.

Wichtig ist die Aufnahme von Karnivoren in die Liste namens »Abkommen über den internationalen Handel mit gefährdeten Arten der freilebenden Tier- und Pflanzenwelt« (CITES), kurz »Washingtoner Artenschutz-Abkommen«. Dort sind im Anhang I und II *Dionaea, Nepenthes* und *Sarracenia* aufgeführt, deren Handel deshalb reglementiert und kontrolliert wird. *Byblis, Cephalotus* und *Darlingtonia,* die ebenfalls auf der Liste gestanden haben, sind seit dem Jahr 2000 wieder herausgenommen worden.

In Deutschland sind laut Bundesartenschutzverordnung folgende Karnivoren geschützt: *Drosera* (alle heimischen Arten), *Pinguicula alpina, P. vulgaris, Utricularia ochroleuca, U. bremii* (letztere ist streng geschützt); europäische Artenschutzbestimmungen stellen *Byblis, Nepenthes khasiana, Sarracenia alabamancsis, S. jonesii, S. oreophila* unter Schutz. 1997 führt die »Rote Liste der bedrohten Pflanzen« des IUCN (Internationale Naturschutz-Union, damalige Herausgeberin der Roten Liste) sieben der insgesamt 18 Gattungen *(Dionaea, Drosera, Nepenthes, Pinguicula, Sarracenia, Triphyophyllum, Utricularia)* mit den ihnen angehörenden Arten auf. Alle anderen Karnivoren können jedoch in Schutzgebieten gesondert ausgewiesen sein und unterliegen den dort geltenden Schutzbestimmungen.

Es ist also unabdingbar, dass Sie ausschließlich Pflanzen aus Anzuchtbetrieben, Gärtnereien oder Gartencentern kaufen. Und hier sollten Sie jene Betriebe bevorzugen, die die internationalen Bestimmungen zum Schutz wild lebender Pflanzen und die ihres eigenen Landes anwenden.

Als Käufer müssen Sie im Besitz der entsprechenden Bescheinigungen (Rechnungen, Belege, Tauschblätter) sein. *Aldrovanda* beispielsweise muss mit einem Herkunftsnachweis versehen sein, der zusammen mit der Rechnung beweist, dass Sie die Pflanze aus einer zertifizierten Kultur erworben haben.

Für den Erwerb aus dem Inland gilt folgendes:

Für alle heimischen *Drosera*-Arten sowie zwei *Pinguicula*- und zwei *Utricularia*-Arten, die in Deutschland vorkommen sowie die auf der Liste des Washingtoner Artenschutz-Übereinkommens verzeichneten Pflanzen: Rechnung oder eine Bestätigung des Erwerbs ist nötig.

Für den Erwerb aus dem Ausland (EU) gilt folgendes:

Von im Land geschützten Pflanzen sowie von Pflanzen, die auf der Liste des Washingtoner Artenschutzabkommens verzeichnet sind:

– für Pflanzen aus dem Anhang II ist eine Rechnung (Beleg) nötig.

– für Pflanzen aus dem Anhang I ist außer der Rechnung (Beleg) unbedingt ein CITES-Zertifikat für die Ausfuhr nötig.

Für den Erwerb aus dem Ausland (außerhalb der EU) gilt folgendes:

Von im Land geschützten Pflanzen sowie von auf der CITES-Liste verzeichneten Pflanzen: Es sind ein Kaufbeleg, unbedingt ein CITES-Zertifikat für Ein- und Ausfuhr aller Pflanzen und darüber hinaus ein phytosanitäres Zertifikat nötig.

In- und Ausfuhrzertifikate sowie nähere Informationen zu den gültigen Schutzbestimmungen sowie zu den detaillierten Einfuhrbestimmungen erhalten Sie beim
Bundesamt für Naturschutz /
Abt. Z 3
Konstantinstraße 110
53179 Bonn
Tel: 0228/8491-0
Internet: www.bfn.de

WEITERFÜHRENDE LITERATUR

Vereine

Gesellschaft der fleischfressenden Pflanzen im deutschsprachigen Raum (G.F.P. e.V.)
www.carnivoren.org
Hier erhalten Sie auch Informationen zu den verschiedenen Regionalgruppen.

International Carnivorous Plant Society (ICPS)
www.carnivorousplants.org

Karnivoren besichtigen

In Deutschland gibt es viele Botanische Gärten, die auch fleischfressende Pflanzen kultivieren. Die Liste würde an dieser Stelle zu viel Platz einnehmen; für Fragen wenden Sie sich an den Verband Botanischer Gärten e. V.
www.verband-botanischer-gaerten.de

Adressen von Anbietern fleischfressender Pflanzen in Deutschland

Gartenbau Thomas Carow
Ümpfigstraße 5
97720 Nüdlingen
Tel. 0971/98 300
www.falle.de

Erich Maier
Hansell 155
48341 Altenberge
Tel. 02505/15 33
www.erichmaier.de

Dr. Joachim Nerz
Jägerstraße 50
71032 Böblingen
Tel. 07031/23 35 63
www.joachim-nerz.de

Roland Schoch
Bürgerweg 2
31303 Burgdorf
Tel. 05136/81 40 7
(ab 22.00 Uhr)

Uwe Westphal
Bothenhof 23
30890 Barsinghausen
Tel. 05105/63 423
www.plantarara.com

Wistuba – Exotische Pflanzen
Mudauer Ring 227
68259 Mannheim
Tel. 0621/71 41 95 42
www.wistuba.com

Verwendete Literatur

ARTIKEL

Heslop-Harrinsony, »Carnivorous plants«, in: Scientific American, Bd. 238, N° 2, 1978.
P. Jolivet und J. Vasconcellos-neto, »Convergence chez les plantes carnivores«, La Recherche, N° 253, 1993.
M. Jebb und M. Cheek, A Skeletal Revision of Nepenthes, Blumea 42, 1997.
P. Taylor, »The Genus Utricularia: a taxonomic monograph«, in: Kew Bulletin, Royal Botanic Gardens, 1989.
R. Gibson, »The Drosera spatulatha complex ...«, Persönliche Mitteilung, 1999.

BERICHTE UND VEREINSNACHRICHTEN

Carnivorous Plant Newsletter, Zeitung des ICPS (International Carnivorous Plant Society)
Dionée, Zeitschrift der französischen Karrnivoren-Gesellschaft »Amateurs de plantes carnivores«

BÜCHER

M. Baffray, F. Brice und J. P. Tournier, Nature et culture des plantes carnivores, Edisud, 1989.
M. Baffray, F. Brice und P. Danton, Les plantes carnivores, les pièges au détour de l'image, Nathan, 1992.
C. J. Casper, Monographie der Gattung Pinguicula, Biblioteca Botanica, Stuttgart, 1966.
C. Clarke, Nepenthes of Borneo, Natural History Publication, Borneo, 1997.
P. Jolivet, Les plantes carnivores, Slg. Sciences et découvertes, N° 22, Le Rocher, 1987.
B. E. Juniper, R. J. Robins und D. Joel, The carnivorous plants, Academic Press, London, 1989.
M. Lecoufle, Comment choisir et cultiver vos plantes carnivores, Bordas, 1989.
A. Lowrie, Carnivorous plants of Australia, Bd. 1–3, University of Western Australia Press, 1987, 1989 und 1998.
D. Schnell, Carnivorous plants of the United States and Canada, North-Carolina, John F. Blair, 1976.
A. Slack, Insect-Eating Plants, Alpha-Books, 1986. Französische Übersetzung Diagone/Calmann-Levy, 1988.

ZUM WEITERLESEN

Barthlott, W.; Porembski, S.; Seine, R.; Theisen, I.: Karnivoren – Biologie und Kultur fleischfressender Pflanzen, Verlag Eugen Ulmer, Stuttgart, 2004.

DIE VIELFALT DER FALLEN IM ÜBERBLICK

Fallgruben

Brocchinia

Cephalotus

Darlingtonia

Heliamphora

Nepenthes

Sarracenia

Klebefallen

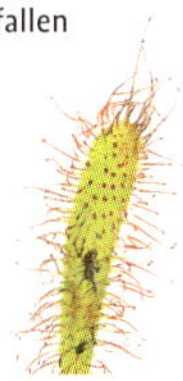

Drosera

Pinguicula

Roridula

Klappfallen

Aldrovanda

Dionaea

Saugfalle und Reusenfalle (siehe auch Seite 7)

ÜBER DEN AUTOR

Jean-Jacques Labat gibt gern zu, dass er seine erste Begegnung mit fleischfressenden Pflanzen der Kinderzeitschrift »Pif Gadget« verdankt. Diese Zeitung schlug damals vor, eine Venusfliegenfalle zu ziehen. Inzwischen hat er seine faszinierende Passion zum Beruf gemacht und besitzt in seiner Gärtnerei »Nature et Paysages« eine der vollständigsten Sammlungen der Welt: nicht weniger als 450 Arten von den verzeichneten 550. Jean-Jacques Labat steht in ständigem Kontakt mit Pflanzenliebhabern vom Anfänger bis zum Pflanzenkenner und weiß um die Fragen, die sich ihnen bei der Kultur stellen können. Aus diesem Grunde hat er dieses Buch geschrieben.

DANKSAGUNG DES AUTORS

Dieser Teil mag manchen als überholt erscheinen, doch in meinen Augen ist er sehr wichtig, denn die nachstehend aufgeführten Menschen aus nah und fern haben eine wichtige Rolle bei meiner Leidenschaft gegenüber diesen faszinierenden Gewächsen gespielt. Ob nun die moralische oder körperliche Unterstützung, für das entgegengebrachte Vertrauen oder für die Mitteilung der Erfahrungen eines jeden auf ähnlichen oder unterschiedlichen Gebieten: ihnen allen schulde ich von ganzem Herzen Dank.

Besonders bedanken möchte ich mich bei folgenden Personen:
Y.-M. Allain, der mir die Ehre erwiesen hat, ein Vorwort zu diesem Buch zu schreiben; den Botanischen Gärten; aber auch M. und P. Logeais, N. und R. Pardo, C. und C. Venet, S. Faye, L. und F. Vernat, C. und P. Latour, M. und F. Fournier, L. Mustin, Antoine, Eliane, Fred, J. Piquet, F. und B. Pratte/Richez, N. und W. Texier/Khedi, P. Sanvert, R. Savelli, J. L. Marcenac, E. und F. Maraux, JP. und V. Goursaud, L. Legendre, E. Partrat, P. Richard, A. Raynal-Roques, D. und M. Gal/De Latour und ihrem Sohn Damien, dem jungen Botaniker in kurzen Hosen; für die »naturlehrhaften« Spaziergänge mit J. Lapalisse; für das Lernen an der frischen Luft mit J. F. Bataille in »Vent Srdie unverzichtbare Fototechnik von F. Dubreuil von »Numeriphot«. Nicht zu vergessen meinem Lehrer René Pical, meinen Eltern, meinem Bruder. Der Hilfe und unersetzlichen Gegenwart meiner Lebensgefährtin und unseres Hundes Mitis, der es verstand, die Schafe zu hüten. Unerwähnt Gebliebene mögen mir verzeihen!

Das war's, ich muss gehen, denn drüben in den Gewächshäusern winkt man mir: Die ungeduldigen Gäste warten auf ihre Mahlzeit!

REGISTER

Bildquellen
Titelfoto: mauritius images/imagebroker/
Daniel Schoenen

Farbfotos
M. Auber: Seite 31 oben
F. Blanchard: Seite 10, 21
P. Fournol: Seite 30
L. Sadtchikoff: Seite 50
Y. A. Utz: Seite 31 unten
Alle übrigen Fotos stammen vom Verfasser.

Zeichnungen
M. Mourot: Seite 17 oben rechts, 18, 19, 29, 33
B. Conquet: Seite 17 oben links und unten

Blüten der Dionaea

Die in diesem Buch enthaltenen Empfehlungen und Angaben sind vom Autor mit größter Sorgfalt zusammengestellt und geprüft worden. Eine Garantie für die Richtigkeit der Angaben kann aber nicht gegeben werden. Autor und Verlag übernehmen keinerlei Haftung für Schäden und Unfälle.

Bibliografische Information der Deutschen Nationalbibliothek
Die Deutsche Nationalbibliothek verzeichnet diese Publikation in der Deutschen Nationalbibliografie; detaillierte bibliografische Daten sind im Internet über http://dnb.d-nb.de abrufbar.

Die französische Originalausgabe erschien unter dem Titel Jean-Jaques Labat, Plantes carnivores – Comment les cultiver facilement.

Wollgrasweg 41, 70599 Stuttgart (Hohenheim)
E-Mail: info@ulmer.de
Internet: www.ulmer.de
Lektorat: Julia Genazino, Antje Krause
Übersetzung: Christiane Schoelzel
Umschlagentwurf und Innenlayout: Claudia Eder, Augsburg
dtp: Lohse Design, Heppenheim
Druck und Bindung: Pustet, Regensburg
Printed in Germany

ISBN 978-3-8001-7427-0

Diese Bücher könnten Sie auch interessieren:

- **Kakteen für den Garten**
- **Kakteen erfolgreich durch den Winter bringen**
- **Themenseiten mit verschiedenen Farben und Formen**

Dieses Buch stellt 500 Sukkulenten und Kakteen für das Freiland vor und zeigt die unerschöpfliche Farben und Formenvielfalt der Sorten. Mit ausführlichen Informationen zu Pflege, Vermehrung und der richtigen Standortwahl.

500 winterharte Sukkulenten und Kakteen. Von A - Z. Martin Haberer, Hans Graf. 2010. 190 S., 485 Farbfotos, Klappenbroschur. ISBN 978-3-8001-5487-6.

- **Die 40 besten grünen Helfer für Büro und Zuhause**
- **Raumluft natürlich reinigen und entgiften**
- **Natürlich gesundes Wohnen**

Wie Pflanzen für ein besseres Klima in Innenräumen sorgen und auf natürliche Weise die mit Schadstoffen belastete Luft in Wohnräumen filtern, zeigt dieses Buch. In Porträts werden Luftreinigungspflanzen, ihre Wirkung und Pflege vorgestellt.

Prima Klima mit Pflanzen. Wohnräume natürlich entgiften. Marc Grollimund, Isabelle Hannebicque. 2010. 128 S., 120 Farbfotos, Klappenbroschur. ISBN 978-3-8001-5991-8.

Ulmer **Ganz nah dran.**